Rafael Moya Valgañón

Inspección de Guardia

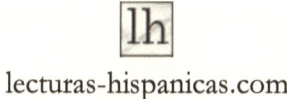

lecturas-hispanicas.com

Inspección de Guardia
© Rafael Moya Valgañón

Colección Lecturas hispánicas
1ª Edición: 27 de mayo 2017

© Para esta edición, Servando Gotor, 2017

Fotografía: *Inspección de Guardia de la Comisaría de La Coruña*
(Museo Policial de La Coruña)

Diseño de la portada, Servando Gotor

www.lecturas-hispanicas.com
Zaragoza (España)

ISBN-13: 978-1546983668
ISBN-10: 154698366X

A mi mujer, a mis hijos y mis nietos

ÍNDICE

ADVERTENCIA DEL AUTOR

Este libro, en gran medida, viene a ser una especie de memorias del autor, en lo relativo a su trabajo como inspector de policía; pero no deja de ser un relato novelado, y por ello conviene advertir que los lugares, personas y hechos narrados están inspirados, con mucha libertad, en sitios, seres humanos, situaciones y acciones reales. Además pretende ser una especie de pequeño homenaje a las inspecciones de guardia que existieron en el pasado en las comisarías de policía de nuestro país.

1. Acceso al Cuerpo

Me llamo Francisco Medina García y pretendo contarles mis memorias, con la concisión y claridad de un abuelo demasiado mayor, a los lectores interesados en este tipo de materias próximas a las novelas de buenos y malos, con sus críticas y narraciones más sustanciosas, por lo esperpéntico y cómico, de muchas actuaciones y situaciones.

Tras de unas pruebas físicas que incluían: carrera de cien metros en menos de quince segundos (solamente la superé al tercero y último intento porque un caritativo desconocido me prestó unas zapatillas con clavos), subida y bajada de unos seis metros por una soga (para la que me había preparado previamente), y salto de uno sesenta metros de altura.

Luego, unos exámenes orales consistentes en recitar cuatro temas: dos de derecho penal, uno de derecho administrativo, y otro de derecho civil o político. Y después, ya que todos los ejercicios eran eliminatorios, un ejercicio escrito consistente en unos "test" de mediana dificultad.

Por último un ejercicio escrito práctico de derecho penal y procesal penal, sobre un supuesto que incluía varios delitos y faltas, exigiéndonos la calificación de los mismos y los trámites y actuaciones policiales a seguir.

Luego tuvimos que superar un cursillo de sesenta días hábiles en la Escuela del Cuerpo General de Policía de Madrid, con bastantes asignaturas: derecho penal, procesal penal, administrativo, civil y político, técnicas de identificación, investigación criminal, investigación social (política, más bien), elementos de psicología, sociología, antropología, economía y derecho fiscal, así como tiro con armas de fuego, y defensa personal.

2. Unos meses en el Madrid del 64

Mi estancia en Madrid durante los meses de parte de febrero, marzo, abril y mayo de 1964, fue muy saludable y divertida, porque como en mi grupo teníamos las clases por la mañana, entre las nueve y las catorce horas, en la academia de policía de la calle Miguel Ángel, me quedaban todas las tardes libres para conocer la capital de entonces, que era bastante más agradable y tranquila que en la actualidad. Me alojé en una pensión barata de la plaza Antón Martín, que era la zona que había conocido siempre ya que algunos de mis familiares vivían en la calle Encomienda, entre Progreso y la plaza de Cascorro. Así que mis desplazamientos a la academia los realizaba en el metro de la línea uno, hasta Chamberí o Iglesia, lo que me suponía entre veinte minutos y media hora de tiempo. Además, era una zona que también conocía porque un hermano mío vivía en la misma calle Miguel Ángel, y otros parientes en la plaza de Olavide.

En la pensión existía un ambiente alegre y divertido, ya que había dos jóvenes de Huelva, incorporados recientemente a una empresa de montajes eléctricos, y varios bailarines del ballet de "Luisillo". Algunas noches, después de cenar, nos íbamos cuatro o cinco a los mesones de la Plaza Mayor, casi siempre a uno, cuyo nombre no recuerdo, situado junto a la "Cueva de Luis Candelas". Solíamos tomar una jarra de sangría y cantábamos fandangos de Huelva, sevillanas, rumbas, alegrías, fandangos de Lucena o peteneras, y entre ello y unos cuantos chistes nos marchábamos pronto a la cama, porque muchos de nosotros tendríamos que levantarnos pronto al día siguiente. Recuerdo al sereno gallego que acudía enseguida a abrirnos la puerta de la calle y que, tanto si le dábamos algunas monedas como si no, siempre nos saludaba con las mismas palabras que con su marcado acento sonaban a cantinela: "¿qué? de retirada verdad".

Entre estos amigos recuerdo especialmente a uno de los onubenses, al que llamábamos "Buche", que era muy gracioso. Una mañana de calor del mes de mayo que coincidimos tomando unas cañitas de cerveza en el bar de abajo de la pensión, señalando con el pulgar hacia mi derecha me dijo: "mira como le pega al alpiste don Ramón y Cajal", y es que se trataba de un abuelo con sombrero y abundante barba blanca, cuyo perfil recordaba mucho al insigne doctor, que se metía entre pecho y espalda un gran vaso de vino tinto como si de agua se tratase.

Yo solía tener, como muchos estudiantes de la época, bastantes estrecheces económicas, por lo que optamos por buscarnos pronto una colocación que no estuviese muy mal pagada. En mi caso estaba además el señuelo de no pagar en los viajes en autobuses y metro, ni en cines y toda clase de espectáculos. Lo cierto es que, sobre la mitad del tiempo que estuvimos en la escuela de policía, nos pagaron dos mil pesetas a cada uno, procedentes de una caja de socorros a la que se nos obligó a afiliarnos y que, a la larga, llegó a ser un seguro de vida de muy escasa entidad. De todas formas, para nosotros fue entonces una primera paga por nuestro trabajo que nos vino de maravilla. He de hacer constar que algunos, advertidos por otros de promociones anteriores, nos íbamos a una tienda de Lavapiés donde nos vendían unas fundas para el carnet de policía en la que metíamos algún documento y nos servía para viajar gratis en el metro y entrar en los cines.

Un mes después de terminado el cursillo de sesenta días hábiles, tuvimos que volver a la misma Escuela de la calle Miguel Ángel para exámenes de los suspendidos y elección de destinos. Personalmente me tocó una comisaría en una de las mayores ciudades de la provincia de Guipúzcoa. Así que pocos días más tarde me fui en el tren a ese mi primer destino y puesto de trabajo.

3. Guipuzcoa, primer destino. Una escopeta antidisturbios

Una vez en la oficina correspondiente lo más habitual era desempeñar el servicio de Inspección de Guardia, consistente en recibir denuncias por toda clase de delitos y faltas, durante todo el día y toda la noche (compatible con echarse a dormir sobre el sofá), por lo que, lo más frecuente era prestar el servicio por la mañana, por la tarde o de noche; siendo el servicio nocturno de duración superior a los otros dos, y era desempeñado por un funcionario los días pares y otro distinto los impares.

Las denuncias más frecuentes solían tener por causa la pérdida o sustracción del carnet de identidad, robos en domicilios, o del interior de vehículos estacionados, hurtos en la calle, lesiones en riñas, o por imprudencia en accidentes de circulación, y otras más pintorescas como las causadas por mordedura de perro. Teníamos que tramitar los oportunos atestados, con la máquina de escribir, y remitirlos a los Juzgados de Instrucción en caso de delitos, y al Juez Municipal cuando se trataba de faltas.

Todos los centros médicos tenían que enviar los partes facultativos de las lesiones que no fuesen causadas por meros accidentes individuales, y en muchas ocasiones los entregaban a los lesionados o sus familiares para que fuesen con ellos a la comisaría.

Este trabajo con el tiempo se volvía bastante rutinario, aunque algunas veces entrase una "rara avis" que introdujese alguna novedad especial. Ante circunstancias extraordinarias se llamaba al juzgado de guardia para consultar lo procedente, y sobre todo cuando se trataba de la defunción de alguien por causas no naturales, puesto que el juez correspondiente era el único competente para ordenar el levantamiento y evacuación del cadáver, que se realizaba en todos los sitios por la Hermandad de la Sangre de Cristo.

Por tratarse de una Ciudad que en el año 1964 figuraba como de escasa conflictividad, pese a la gran cantidad de empresas importantes que albergaba, únicamente contábamos con un piso principal derecha que en cada una de sus habitaciones acogía los distintos servicios: comenzando por la derecha, en la primera habitación se encontraba la Inspección de Guardia que, como la mayoría de ellas, tenía una zona más elevada mediante una tarima protegida con una barandilla de madera o "estrados", que encerraba una mesa grande de despacho y otra menor con apartados para el papel de escribir y las copias de papel carbón, y encima una máquina de escribir. Y en el exterior un sofá y varias sillas.

La habitación siguiente se dedicaba a dos funcionarios, uno para la investigación criminal y el otro para gabinete científico. El tercer cuarto correspondía a la investigación político-social y al servicio de información de los mismos contenidos, y la cuarta, más pequeña, a archivo para la guarda y conservación de copias de todas las actuaciones relativas a atestados, denuncias, actas y actuaciones de cualquier clase, como documentos nacionales de identidad y pasaportes. En todas las comisarías existía una escopeta de marca "Remington" con una o varias cajas de cartuchos de perdigones o postas aptos para la caza mayor, que solía encontrarse en la parte inferior de un armario. Se denominaba escopeta antidisturbios, y su posible utilidad era la de hacer frente a eventuales ataques multitudinarios de la población. Aunque realmente han llegado a producirse unos años más tarde este tipo de ataques, uno allí mismo al año de irme yo, y otro creo que en la comisaría de Mieres, no me consta que se haya usado jamás la curiosa escopeta.

En el lado izquierdo y a partir de la puerta de entrada, la primera habitación correspondía al servicio del documento nacional de identidad, la siguiente a la secretaría y servicio de pasaportes, y la última a despacho del comisario jefe.

El mismo jefe ocupaba con su familia el piso principal izquierda.

4. Primeros pasos

Al no contar con plantilla del denominado cuerpo hermano, es decir, de policía armada (o grises como les llamaban), nos veíamos obligados en todas las detenciones que hubiesen de continuar con la privación de libertad de los afectados o afectadas, a contar con la colaboración de la policía local, dotada de calabozos municipales.

Realmente el trabajo era bastante escaso hasta los dos años siguientes en que la todavía incipiente actuación de ETA comenzó a intensificarse.

Como todos mis compañeros jóvenes y solteros, hasta que contraje matrimonio, vivía en una habitación amueblada alquilada por una pareja de recién casados que, de esta forma, se ayudaban a pagar los plazos mensuales del préstamo hipotecario suscrito para la adquisición de su piso.

. . . .

Se da la circunstancia de que el autor de estas líneas había hecho previamente la carrera de derecho, lo que le sirvió para salir del paso en una situación muy rara que luego no le volvió a ocurrir jamás. La policía local se presentó sobre las once treinta de la noche con una joven de 16 años que se había fugado del domicilio familiar en un pueblo castellano, y llegó hasta allí en el tren. Está claro que tenía que ser devuelta a su domicilio a la mayor brevedad posible, por lo que se avisó inmediatamente a sus padres: pero aquí venía el problema. ¿Qué hacer con ella mientras tanto? Como no había cometido ningún delito no podía ser privada de libertad; sin embargo resulta claro que no podía garantizarse el derecho de sus padres a que les fuese devuelta si no se impedía que ella volviese a fugarse. Es decir que no se trataba de una detención, sino con más propiedad, de una retención prevista en el código civil como de competencia del juez municipal hasta que la persona menor de edad fuese reintegrada a sus progenitores. Por ello fue entregada a la policía local para que se hiciese cargo de su custodia hasta que el juez municipal dispusiese lo conveniente.

. . . .

Recuerdo con agrado mis experiencias natatorias en las frías aguas de la playa de Deva durante el mes de junio; pero sobre todo, camino de mi barrio de

Ipurua, no olvidaré nunca el viejo frontón Astelena, al que llamaban la cátedra de la pelota mano. Entre los apostadores fijos se encontraba siempre el exfutbolista Mundo, vieja gloria del Valencia y de la selección nacional de fútbol. Y entre los manomanistas de entonces recuerdo sobre todo a Arriarán, Atano X, Ogueta, Garcia Ariño y, más que a ninguno, aunque solo le vi jugar un par de veces, y tenía ya muchos años, al riojano Barberito que, aparentando físicamente ser poca cosa, era tan habilidoso que conseguía lanzar la pelota más atrás que nadie. La cátedra que yo conocí sí que tenía realmente "más faltas que un frontón", puesto que tenía numerosos defectos en frontis, piso y choco o cuchillo, que obligaban a los pelotaris a peligrosas contorsiones.

También recuerdo los bailes en la plaza debajo del paraguas y soportando el sirimiri o calabobos.

5. Andócala. Pinchos y chiquitos, y un compañero al que se le van los puños

Aunque siempre había compañeros jóvenes por ser plantilla de paso, para salir y distraerme los encontraba un poco insustanciales. Lo cierto es que muchas tardes hacía un amplio recorrido con el compañero Antonio Jiménez de la Torre que, como casi todos los inspectores o inspectores jefes mayores, se encontraba allí por haber sido sancionado con un traslado forzoso, en su caso desde Barcelona. Como era el que se ocupaba de hacer los carnets de identidad y llevaba allí varios años, era muy conocido en la localidad, y en la mayor parte de los bares en que entrábamos nos invitaban al tinto vespertino.

Con bigote y un cierto parecido al genial actor José Luis López Vázquez, Antonio era muy chistoso y divertido. Cada vez que nos invitaban en una taberna, al salir decía invariablemente: "ya ha caído uno", y luego "ya ha caído otro", con la orgullosa satisfacción propia del cazador que va cobrando sus presas.

Según él, olandócala en vasco significaba: ¿así es pues o qué?; aunque lo cierto es que a los que les he preguntado no han sabido darme respuesta. En realidad decía esta palabra tantas veces que todo el mundo le llamaba el "Andócala". Años después nos hemos visto alguna vez en Barcelona, donde había sido destinado nuevamente, con él y con su esposa Laura que era una simpática zaragozana.

Para retratar a mi compañero, nada mejor que relatar una anécdota que ocurrió durante el primer mes de mi estancia en la referida comisaría guipuzcoana. El jefe era un idiota integral, con una mujer parecida y unos hijos de opereta. Se paseaban con dos perros impresionantes, cuya raza no puedo precisar; pero grandes, llamativos, de pelo corto y color canela. Al parecer el buen señor, no solamente estaba endeudado con varios establecimientos de la ciudad, a los que aún debía la boda de uno de sus hijos, llevada a cabo un año antes; sino que encima se había quedado con dinero de los pasaportes que expedía la Comisaría.

El caso es que, como no tenía ningún trabajo, me paseaba yo entre mi Inspección de Guardia y la habitación correspondiente al documento nacional de identidad, y me encontré con que Antonio Jiménez, refugiado tras la puerta de su despacho, zapateaba con amplia sonrisa y su braceo correspondiente, mientras cantaba: "en las cuevas que hay en Graná". Cesó en su exaltación, que para mí desde aquel día ha quedado como la pintura más expresiva de la envidia, del alegrarse del mal ajeno, y me explicó que como era el día de San Antonio, el jefe había pasado a felicitarle y le había contado que ya no era comisario, porque le habían rebajado doscientos cincuenta puestos en el escalafón del cuerpo, y le habían destinado a Granada como inspector jefe con carácter forzoso.

. . . .

En varias ocasiones me ha ocurrido el tener que sujetar a algún compañero que, en cuanto llega a la Inspección de Guardia, considera que es el lugar más propicio para demostrar su cobardía dando fuertes puñetazos a un indefenso detenido. Recuerdo claramente que la primera vez sucedió en Éibar en un caso en el que todo el presunto delito del maltratado fue el de piropear a una guapa señorita en la vía pública. Es decir que, además de tratarse de una tontería, el funcionario maltratador, procedente de Astorga, estaba recién ingresado.

Yo sé que los que procedemos "de Madrid pa bajo" sentimos una auténtica afición a ese tipo de cumplidos y requiebros; pero ello nunca ha constituido delito ni falta de ninguna clase, salvo que se trate de una auténtica marranada. Aunque ni en el País Vasco ni en Cataluña se esté acostumbrado a esas efusiones, que otros consideramos casi caballerosas.

En todo caso y volviendo a los cobardes maltratos de obra, siempre que se han producido ante mí he tenido la misma reacción, sujetar al compañero y decirle que sus exhibiciones las realice de la puerta para afuera donde yo no pueda presenciarlas. Para bien o para mal, llevo entre mis convicciones más profundas la máxima de nuestra gran penalista Concepción Arenal: "odia al delito y compadece al delincuente", inculcada por el profesor Guallart.

. . . .

Había un amigo y compañero de mi hermano menor, llamado Javier, que había estudiado filosofía y letras en Zaragoza, con el que quedaba a la salida de la misa de San Andrés; pero solía juntarse con un primo suyo y otros catorce más, por lo que el recorrido por los bares para tomar el "pintxo" y el vinillo tenía que ser por dieciséis tascas distintas; sin embargo no es porque cada uno pagase su propia ronda, sino que era así la costumbre, tantas tabernas como personas. El pagador resultaba del sorteo según una pequeña ruleta instalada en todos los establecimientos de bebidas con ese fin.

El resultado era que, pese a mis precauciones, muchos domingos tenía que ir a mi habitación sin comer ni tener ganas de ello, por ir "bastante cargado" en la fraseología del irrepetible "Chiquito de la Calzada".

El primo del referido Javier, muy fuerte, algo

simiesco, noblote e introvertido, estaba dotado de una cabeza casi inefable, que se prolongaba sobremanera en dirección a la coronilla, y por las tardes de los domingos, con algunos más de la cuadrilla, se recorría todo el centro de la localidad, así como los pueblos adosados, Ermua de Vizcaya, y Elgoibar que, como Éibar, pertenecía a Guipúzcoa, tomando bebidas tipo cuba-libre. Y cuando ya se encontraban bastante "colocados", al repetido primo le daba por acordarse de un coche que le había atropellado en la calle unos años antes, causándole lesiones por las que tuvo que estar escayolado mucho tiempo. Entonces tenía la costumbre de embestir a los vehículos estacionados en las vías públicas, golpeándoles con la cabeza y produciéndoles abolladuras de bastante consideración.

Estoy casi seguro de que muchas de las denuncias que se cursaban en la comisaría por daños en la chapa de los coches, para justificar los siniestros ante las compañías aseguradoras, se debían a los perjuicios causados por la prodigiosa cabeza del mencionado energúmeno.

. . . .

Pocas cosas interesantes más recuerdo de mi paso por aquella ciudad. Lo cierto es que los amigos y conocidos nos advirtieron de que no nos saludarían ni reconocerían en forma alguna, por haberse enterado de que sus nombres habían sido difundidos por una emisora de radio como de colaboradores y confidentes con la policía.

Es decir que el ambiente se fue enrareciendo y las circunstancias no aconsejaban seguir mucho tiempo por el lugar.

. . . .

Otro recuerdo importante es que un día me dejé la pistola olvidada en un cine y no me di cuenta hasta la una de la madrugada, por lo que solo pude recuperarla al día siguiente, a las cinco de la tarde, y seguía en la misma butaca donde me la había dejado. Como consejo me vino estupendamente porque desde entonces procuré librarme de su molesta y peligrosa compañía, y dejarla en mi casa cerrada con llave.

6. Traslado a Barcelona. Un denunciante por estafa cobra por adelantado

Después me fui a Barcelona, (en junio de 1965) donde tuve mi primer destino en la Comisaría de Casa Antúnez, instalada en los bajos del grupo de viviendas de la empresa SEAT. Allí estuve unos tres años y medio con unas experiencias bastante curiosas.

La primera ocurrió con un funcionario de unos cincuenta y seis años cuyo nombre no recuerdo, con la pose de un auténtico maestro de escuela (carrera que había cursado), cubierto con una bata o guardapolvo de color gris oscuro, a la que habían añadido unos galones sobre ambos hombros. El curioso personaje tenía en uno de los cajones de la mesa su frasca de vino, de la que se acordaba con relativa frecuencia para darle unos tientos directamente con la boca.

Al mismo le fueron presentados, a eso de las diez menos cuarto de una apacible noche veraniega, (y lo presencié porque yo tenía que relevarle a él), cinco personas que habían protagonizado minutos antes el impago de unas bebidas en la tasca de allí al lado. Pues bien, mientras el cabo de policía armada explicaba concisamente lo ocurrido, el señor inspector de guardia, ni corto ni perezoso, arreó una descomunal bofetada al hombre que encabezaba la comitiva. El cabo le dijo que ese señor era precisamente el denunciante. Y sobre todo me dejó pasmado la contestación del inspector: ¡Bueno, pues por si acaso!

Yo le comenté que me haría cargo de escribir la denuncia y las declaraciones correspondientes; pero él me dijo, nada de eso, rápidamente escribió un volante preparado para detenidos indicando que se trataba de cinco y sin anotar los nombres correspondientes, y entregándoselo al cabo dijo que los metiese en el calabozo, y a la mañana siguiente, si ofrecían la promesa formal de abonar sus consumiciones en la taberna, los dejase en libertad. A mí me dijo que no me preocupase, que yo como si no me hubiese enterado de nada. Interiormente tuve que reconocer que me había evitado mucho trabajo. Después no ocurrió nada especial, salvo que alguna mujer fue a saber si le había ocurrido algo a su marido, y fue informada de lo ocurrido, aunque sin muchos detalles, puesto que únicamente aludí a un incidente ocurrido poco antes de las diez de la noche, aunque es posible que por los policías de la puerta se les diesen más explicaciones.

Es decir que el dueño del establecimiento "cobró" por adelantado y, como contrapartida, se benefició de una justicia rápida y eficaz. Es decir que existía una forma de resolver las cosas que a los catalanes perjudicados, en general, les encantaba; pero nadie preguntó por la opinión de los presuntos denunciados, en su mayoría andaluces y extremeños, que tuvieron que pasar la noche en las mazmorras o calabozos, sobre unos catres de cemento armado sin otra ayuda que un jergón o colchoneta de paja y una manta cuartelera, aunque al ser verano por lo menos no pasarían mucho frío.

7. Un argelino me agrede con un paraguas. La experiencia de los primeros cadáveres

Fue poco después de aquello cuando vinieron a denunciar a la comisaría que un individuo deambulaba por el Paseo de la Zona Franca, situado allí al lado, tratando de abrir las puertas de los vehículos estacionados en el lugar. Nos ordenaron que fuésemos enseguida a mí junto con un policía armado granadino a punto de jubilarse y que estaba muy gordo. Como estaba lloviendo de manera considerable yo iba provisto de paraguas y gabardina. Al llegar al sitio observamos que se trataba de un individuo con aspecto de inmigrante (resultó ser argelino), que iba tanteando las puertas de los coches para ver si estaban abiertos, y procedimos a su identificación. El apercibido se limitó a hacer gestos de extrañeza como de no entender nada, y enseguida me arrancó el paraguas de la mano izquierda y rapidísimamente lo tomó con ambos manos partiéndolo en dos contra su rodilla, agrediéndome con la parte más larga, que el empuñaba por el lado en que se une le tela con el fuste, golpeándome como si se tratase de una espada, con la parte recién cortada, en el lado inferior de mi ojo izquierdo, echándose a correr hasta que conseguimos alcanzarlo y detenerlo, llevándolo a la comisaría, donde mi primera visita fue al espejo del cuarto de baño para mirarme el ojo, y pude respirar aliviado ya que, aunque sangraba abundantemente, la herida se encontraba bajo el ojo y no afectaba directamente al mismo. Por mi parte fui curado, me tuvieron que dar tres puntos, y estuve de baja bastante tiempo. Cuando el argelino detenido llevaba en prisión más de diez meses, fue condenado por la sala cuarta de la Audiencia provincial de Barcelona, a la pena de dos años, dos meses y un día, por un delito de atentado con lesiones, y además a que me indemnizase con la cantidad de quince mil pesetas que, por ser insolvente el penado, no cobré en forma alguna. Por su parte la Jefatura de policía me indemnizó con quinientas pesetas por la pérdida del paraguas y la limpieza de sangre de la gabardina en el tinte.

. . . .

Durante la estancia en esta comisaría vi los primeros cadáveres: El primero el de un niño de cinco años que había sido atropellado por un camión que hacía marcha atrás cerca del puerto de la zona franca, y que tenía la cabeza totalmente aplastada; y el segundo que era el tronco desnudo de un hombre, al que le había pasado por encima un vehículo muy pesado, y que le había saltado el corazón un par de metros en el lugar, que eran unas vías de tren de vía estrecha que debía circular únicamente con mercancías entre las proximidades de la falda de Monjuich y el puerto de la zona franca, pasando junto al cementerio de Casa Antúnez o del sudoeste. El resto de la persona, constituido por cabeza y extremidades, apareció a bastante distancia y esparcido a lo largo de muchos metros. Así como en el primer caso parecía tratarse de una imprudencia del conductor del camión, en el segundo la apariencia era de un suicidio en el que el fallecido debía de haber puesto su cuello en un carril de las vías y sus extremidades estiradas ocupando las superiores el lado de uno de los carriles y las inferiores el de la vía de enfrente.

En ambos sucesos se procedió a dar cuenta al Juzgado de guardia para que ordenase el levantamiento del cadáver, y en el primero compareció personalmente su señoría, interesándose enseguida por si el lugar correspondía a Barcelona o a la vecina Hospitalet de Llobregat, lo que le aclaré en el sentido de que nos hallábamos en jurisdicción de la Ciudad Condal, lo cual le sentó bastante mal, porque me preguntó con malos modos el lugar en que se encontraba el detenido, por lo que conduje a su presencia al atribulado camionero.

8. Quinquis

Relativamente cerca de la comisaría, y situado más próximo al mar, existía un grupo de viviendas que llamaban las "Casas Baratas" en las que habitaba un peligroso grupo de delincuentes de los llamados "quinquis" (como el famoso "Lute") emparentados con la familia gitana de los apellidados Moreno. El jefe de la banda, conocido como "el Mulato", era el encargado principalmente de planear los atracos, vender muchos objetos sustraídos, como joyas y relojes, a peristas; así como de proporcionar médico y abogado al que lo precisase. Los dos individuos más duros y peligrosos eran el "Cuqui", rubio y muy fuerte, y el "Tuerto", José Jodorovich Estancovich, muy moreno, más delgado, tuerto, y con una bala alojada junto a un pulmón, disparada por un guardia civil en un tiroteo que se había establecido inmediatamente después de un atraco cometido por ellos en una caja de ahorros de Casteldefells. Eran cuñados, porque el Cuqui estaba casado con Carmen, hermana del Tuerto.

Por lo tanto teníamos como vecinos a bastantes delincuentes conocidos, como el indicado clan de quinquis (quincalleros) y los que habitaban en las chabolas de la falda este de Montjuich. Sin embargo nos daban muy poco trabajo porque todas sus fechorías las cometían en otros distritos de la capital o en lugares próximos y bien comunicados.

Mi compañero Soriano y yo tuvimos que detener al Cuqui tras una carrera espectacular por la zona alta de Barcelona, debido a una noticia telefónica que se recibió en la comisaría de que habían intentado atracar, a punta de pistola, a un señor a la salida de una entidad bancaria de la que había sacado bastante dinero. La intentona fracasó porque la víctima echó a correr pidiendo socorro y se le acercaron enseguida unos operarios que trabajaban al lado, es decir que tuvo mucha suerte porque se trata de una zona en que no suele verse a nadie por la calle a esas horas de la mañana.

A la vez que al Cuqui, cuyo nombre no recuerdo, detuvimos a su mujer Carmen, y los llevamos en un taxi esposados hasta nuestra comisaría. Lo que no apareció por parte alguna fue la pistola con la que se había producido la tentativa de atraco. Tras pacientes y poco eficaces interrogatorios, en los que algunos se pasaron en los malos tratos de obra al detenido, cosa que a mí no me ha gustado nunca, porque me desagradan profundamente y los considero como violencias inútiles y cobardes. Una vez tramitadas las diligencias oportunas, y dando cuenta a todos los juzgados por los que estaban reclamados tanto el Cuqui como su mujer, remitimos las diligencias con los dos detenidos al Juzgado de Guardia.

A mí personalmente me duraron las agujetas por la carrera frenética unos diez días, y la tramitación de diligencias se complicó porque al ir indocumentado el detenido hubo que recurrir al documento nacional de identidad de la comisaría y el Cuqui hizo constar que el funcionario que llevaba este cometido especial le había cobrado indebidamente mil pesetas cuando le hizo el carnet, lo que complicó bastante la tramitación del atestado al resultar implicado el mencionado compañero, aunque, fuese cierto o no, nunca pudo demostrarse que había incurrido en esa exacción ilegal de que fue acusado.

A través de algunos compañeros de Barcelona y de mi amigo Manuel Serrano, catedrático de derecho penal en la Universidad Complutense, que realizó una concienzuda recopilación de clanes de gitanos y quinquis dedicados a la delincuencia, he sabido que la mencionada familia de quinquis llegó a España, procedente de Hungría poco antes de la segunda guerra mundial, asentándose en las casas baratas del barrio de Casa Antúnez y llegando a ser indemnizados con importantes cantidades por las pérdidas sufridas como consecuencia de unas grandes avenidas de agua que sufrió todo el Maresme Catalán a comienzos de los años sesenta. Los primeros años se dedicaron sobre todo a la venta ambulante y la recogida de chatarra, sobre todo de hierro y cobre; pero luego comenzaron con el tráfico de armas de fuego y de drogas estupefacientes, funcionando en la práctica hasta comienzos del vigente siglo como una auténtica banda mafiosa, con ramificaciones en Madrid y Palma de Mallorca.

En los primeros años del siglo XXI la labor conjunta del Cuerpo Nacional de Policía y los Mossos d'Escuadra consiguió que fuesen detenidos el patriarca del clan, su hijo y más de veinte miembros de la banda.

9. Oficinas con decoro y bolis de a 25 pts. Signos nacionalistas en el cementerio, y el "seny" catalán

En esta comisaría se había establecido la costumbre, defendida sobre todo por el jefe y el secretario, de abonar todos los funcionarios de nuestro Cuerpo 25 pesetas al comienzo de cada mes para incrementar la escasa cantidad que la Jefatura superior de policía pagaba a la señoras encargadas de la limpieza, con la finalidad de que el aseo, higiene y acondicionamiento de las oficinas fuese más completo y eficaz. La verdad es que a los funcionarios más modernos nos parecía una medida injusta y despótica.

Por otro lado, el jefe perdió un bolígrafo de tipo bastante corriente y de color negro y metálico. Y pronto observó que yo utilizaba un bolígrafo igual o muy parecido al suyo, y pretextando querer examinarlo, el jefe se quedó con él y me dijo que, como era igual que el suyo, se quedaba con él hasta que el otro no apareciese. Entonces se debió iluminar algo en mi cerebro, porque coincidía que el bolígrafo me había costado 25 pesetas, y al llegar el comienzo del mes me negué a pagar dicha cantidad en ese mes y los sucesivos. Tras amenazarme el jefe con varias represalias, pidió que fuese trasladado de comisaría, aunque no me dijo nada de ello.

Yo solamente he conocido un asunto parecido, aunque entiendo que más grave, en el acuartelamiento de la guardia civil de un pueblo de la provincia de Soria, muchos años más tarde, cuando ya vivíamos en una monarquía democrática. El teniente obligaba a todos los guardias civiles a que pagasen el arreglo de las puertas del patio donde encerraban los coches oficiales. Es decir que, por una parte, le era mucho más sencillo y cómodo exigir semejantes exacciones a sus subordinados, mediante la colocación de una lista en la que se ponía el primero, que plantear y solicitar los arreglos necesarios a la superioridad; y por otra parte no debía ni conocer que su comportamiento era constitutivo del delito de exacciones ilegales. De todas formas se trataba de un cuerpo con una disciplina tan rigurosa que la obediencia a los superiores se cumplía a rajatabla, dándose la circunstancia de que el compañerismo entre ellos era bastante relativo, porque entre las mismas parejas en que solían distribuirse sus efectivos siempre existía un superior, en base al escalafón, esto es, a la antigüedad y al lugar que ocupaban en la relación orgánica del cuerpo. Por ello muchas veces las relaciones entre los miembros de cada pareja eran tensas no solamente por la circunstancia de que a uno le correspondía siempre mandar y al otro obedecer, sino porque en los últimos años se abonaba un complemento de productividad a la mayoría, aunque no a todos, y era el criterio de los jefes el que decidía los que tenían que percibirlo. Y ese criterio es totalmente personal y subjetivo, como lo son la simpatía, el hablar mal de los demás y otros méritos de valoración que siempre son censurables.

También en las policías nacional y local se instauró el llamado complemento de productividad cuyo reparto discrecional depende de los informes de los superiores; pero el compañerismo es más importante por no encontrarse afectado por una disciplina tan rígida y rigurosa, tan espartana en suma. En todo caso, con el advenimiento de la democracia se han consolidado unos regímenes disciplinarios reglados y más justos, y han desaparecido totalmente las llamadas sanciones de plano, contra las que no cabía recurso alguno, así como los traslados indiscriminados y otros tipos de sanciones encubiertas, cuando todo ello se justificaba siempre por las "necesidades del servicio".

. . . .

Por esta época ocurrió un accidente muy peligroso al servicio de noche de la comisaría integrado por el inspector Miñes, lucense que había sido seminarista y maestro, y el comisario de noche (como había tres, uno era de mañana o jefe, el otro de tarde y el tercero de noche) señor López Gandía. Ambos buenos conversadores y aficionados a la historia de nuestro país, paseaban por la Diagonal con un acalorado debate sobre las guerras carlistas. Al parecer cada uno defendía a uno de los dos bandos enfrentados en dicha contienda.

Lo cierto es que cruzaron la Diagonal por un paso de cebra con el semáforo en rojo, y un coche que bajaba a gran velocidad los arrolló causándoles lesiones graves, aunque con el tiempo lograron curar. En su ayuda hubo que construir una supuesta historia de que iban tras dos conocidos delincuentes de nuestro barrio; porque lo cierto es que las dos y media de la mañana era una hora muy temprana para dar por terminado el servicio, encontrándose camino de sus casas en un distrito tan alejado del nuestro. En fin que entre la historieta preparada y el capote que les echó nuestro Santo Patrón libraron relativamente bien si tomamos en consideración que el coche que les embistió bajaba por la vía urbana a una velocidad tremenda como acreditaban las huellas de la frenada.

. . . .

Un servicio muy pintoresco que nos correspondía en la comisaría era el que realizábamos todos los años el día de todos los santos, uno de noviembre, en el cementerio del sudoeste o de Casa Antúnez, situado en la ladera de Montjuich, que constituía la necrópolis principal de Barcelona.

Consistía en tratar de evitar manifestaciones excesivas o banderas de gran tamaño en las tumbas en que yacían personajes de la cultura, la política, los sindicados y la milicia republicana, cuya sola mención provocaba reacciones alérgicas en nuestros acartonados "salvapatrias".

Nos procuraban un rudimentario plano del cementerio con los nombres y zonas en que reposaban señores tan peligrosos como Ferrer y Guardia, Angel Ganivet, Luis Companys, Francisco Maciá, Buenaventura Durruti o Francisco Ascaso.

Únicamente se consideraban tolerables las cintas de poco tamaño con las barras de la bandera catalana en coronas y otros adornos florales. En realidad los oferentes se sabían bien la lección y no acostumbraban propasarse por temor, más que a cualquier clase de policías o funcionarios, a los grupos de exaltados voluntarios de camisa azul que podían aparecer en cualquier sitio, puesto que consideraban que era de muy valentones la defensa a ultranza del nefasto y todopoderoso régimen franquista.

A mí los cementerios siempre me han olido a violetas, malvas y amapolas, aunque sabía que esta última flor no tiene olor alguno; pero este olía también bastante a yodo y brea, sin duda por la proximidad del mar y del puerto. En realidad creo que el olor predominante en todos los camposantos debe ser al flúor que surge de la descomposición de los huesos. Por ello en determinadas condiciones atmosféricas se produce de noche el llamado fuego fatuo ocasionado, al parecer, por la oxidación del fosfano y los gases de metano producidos por la descomposición de materias orgánicas.

Son también lugares propicios para meditar, y así me vino al recuerdo un asunto trivial ocurrido la tarde anterior, en una librería sita en los primeros números impares de la calle Aribau. Comienza la calle en la plaza Universidad, y yo asocio siempre su nombre a Carmen Laforet, ya que allí transcurre la acción, muy escasa por cierto, de su transcendental novela "Nada", que tan favorablemente me impresionó y me llevó a la aproximación al llamado "seny" catalán.

Lo cierto es que me paré en dicha librería porque había visto en su escaparate una novela que quería comprar. Entré en el establecimiento y con la reciente memorización de título y autor, que desde luego ya no recuerdo, pregunté por su precio, a lo que el joven que me atendió me respondió en catalán, y yo le insistí para que se diese cuenta de que no le había entendido; pero el otro volvió a comunicarme el precio en catalán, por lo que, con la más amable de mis sonrisas, le repliqué "adiós muy buenas", sin que el diese contestación alguna, y me marché a la calle. Me llamó la atención el suceso porque sabía que a los catalanes en general les gustaba mucho vender y este hombre fue capaz de perder una transacción por no dar su idioma a torcer.

Entonces me di cuenta de que en realidad se trataba de un dependiente y por ello vestía con más esmero que lo hubiese hecho el propietario del negocio.

La verdad es que no es frecuente este tipo de incidentes con los catalanes, que acostumbran ser educados en general, puesto que cumpliendo el servicio en las milicias universitarias cerca de Reus, convivíamos perfectamente aragoneses con catalanes y madrileños y no se producía problema alguno con la utilización del catalán, ya que no solían hablarlo mientras hubiese presente alguno que no fuese catalán, valenciano o mallorquín.

Únicamente recuerdo algo semejante en unos billares que existían en el Coso zaragozano junto al casino principal. Se encontraba jugando en una mesa un joven de pocos años más que yo y le hablé de la posibilidad de echar una partida, a lo que accedió al momento diciendo que jugaríamos a treinta carambolas, pagando el que perdiese. Al poco rato comenzó a hablarme en catalán y le dije que no le entendía, y él con mal talante me contestó que cómo era posible que él supiese hablar en los dos idiomas y yo no, a lo que no le di respuesta alguna; pero si no se me olvida semejante tontería es porque jamás había disfrutado más por haber ganado una partida.

10. 1966: boda en Zaragoza y traslado de oficina en Barcelona

A finales de mayo de 1966 contraje matrimonio en Zaragoza y en el mes de junio celebramos nuestra luna de miel en la Costa Brava. Naturalmente se trata de una nueva situación que cambia el modo de vida y la mentalidad de cualquier persona. Lo natural es hacerse más metódico en las costumbres y comportamientos y adquirir mayor grado de responsabilidad.

El mes de mayo siguiente nació nuestro hijo, acrecentándose así el sentimiento de madurez y las conductas más ordenadas en nuestra convivencia. Ni que decir tiene que todas estas circunstancias nos producían una enorme felicidad que, con el tiempo, nos van acompañando, aunque no dejen de ser maravillosas, sobre todo una vez que nuestro hijo, buen estudiante y opositor, contrajese matrimonio, bendecido después con nieto y nieta fenomenales.

Esa especie de nube invisible que supone el vivir la felicidad que se nos permite alcanzar en este mundo, se va adaptando de tal forma al devenir diario que no se consigue advertir si no es por comparación con alguna época de nuestra propia vida en la que por algunas circunstancias particulares y adversas para nosotros no hemos podido gozar ni de la simple alegría de vivir con salud, ni en el lugar, tiempo, familia o sociedad que nos correspondía.

Tras más de año y medio de estancia en ese destino, solicité el traslado a otra comisaría más próxima a mi domicilio, coincidiendo con el traslado que había solicitado mi jefe, porque en aquella tenía que coger dos autobuses distintos para ir y para volver a mi nuevo domicilio. Me mandaron a la comisaría llamada de Universidad, porque incluía la antigua universidad en la Plaza del mismo nombre. Nuestras oficinas estaban enclavadas en la calle de París, casi al lado de la Diagonal.

. . . .

Coincidió que en esta comisaría y alguna otra del centro de Barcelona se denunciaron varios casos de violaciones a mujeres jóvenes por parte de un malhechor que siempre seguía una misma forma de realización de sus fechorías: entre las ocho y media y las diez de la noche penetraba en el portal de un edificio de viviendas aprovechando la entrada o salida de alguna persona, o incluso llamando al timbre de alguna oficina situada en los pisos principal o primero, y una vez dentro, simulaba mirar los nombres de los buzones hasta que entraba y se dirigía a tomar el ascensor alguna mujer joven y sola, y penetraba tras ella, procurando subir hasta el último piso con su víctima, a la que intimidaba con un afilado estilete de acero, y bloqueaba el ascensor de manera que no pudiera ser dirigido desde el exterior. Con su mano libre manoseaba a la mujer siempre con las mismas palabras, que repetía varias veces: "me agradas nena", sustrayéndole el dinero y las joyas, y les obligaba a iniciar una felación, violándolas seguidamente. Luego las sacaba del ascensor, y bajaba rápidamente con el mismo, saliendo de la casa y perdiéndose en el ajetreo y tráfico de la gran ciudad.

11. El violador del Ensanche

Ante la repetición de tan graves hechos, puesto que se trataba siempre de robo con violación, por parte del que enseguida comenzó a llamarse por la prensa el *violador del Ensanche*, (por la zona central donde se producían siempre los hechos) se montó un servicio de vigilancia especial por parte de la brigada de investigación criminal, que únicamente contaba con una foto robot del autor, diseñada en base a las declaraciones de las víctimas de tan salvajes atentados. (Se ha de tomar en consideración que, en estos y otros casos, suele haber mayor número de delitos que no se denuncian por vergüenza y otras razones).

Después de muchos intentos y cuando habían pasado casi dos años desde la iniciación de estos delitos, una de las afectadas vio y siguió por la calle al depravado sujeto y llamó al 091, de forma que pudo ser detenido por fin cuando parece que trataba de iniciar una de sus felonías habituales. Enseguida comenzó a purgar sus crímenes con muchos años de privación de libertad, agravados por la circunstancia de que muchos convictos procuran hacer muy difícil la vida en presidio a esta especie de delincuentes[1].

Aunque nos pueda parecer algo extraño, para la generalidad de los delincuentes existen unas normas no escritas como son la del respeto a las religiones y sus ceremonias, la de la especial atención a las mujeres, en cierta medida, puesto que se trata de gente muy tradicional y machista, y la consideración a los niños y a los principios elementales de convivencia familiar. Es decir que a la mujer se le puede insultar y maltratar de obra; pero dentro de

---

[1] BARCELONA.- Cuando el conocido violador del Ensanche, falleció el 19 de mayo de 2001, esta fue la nota de prensa que divulgó la Agencia EFE:

Francisco López Maíllo, conocido como el 'violador del Esanche' de Barcelona, murió el jueves de una enfermedad degenerativa, tres años después de salir en libertad tras cumplir sólo 13 de los 592 años de prisión a los que fue condenado por agredir sexualmente a 29 mujeres.

López Maíllo estaba ingresado en el Hospital de Sant Joan de Déu de Barcelona y el pasado año se le diagnosticó un tipo de esclerosis de progresiva degeneración.

Tras salir de prisión en octubre de 1998, lo que generó una gran alarma social, el violador contó con la ayuda del departamento de Justicia de la Generalitat, que le consiguió un sitio donde dormir y le procuró un subsidio de paro.

López Maíllo, de 37 años, intentó volver a su barrio de origen, El Raval, pero se vio obligado, por la presión social, a residir en otras poblaciones catalanas de las que tuvo que marchar también al ser identificado.

Posteriormente, se fue a un país europeo y de allí marchó a la República Dominicana, donde recibió la ayuda de una congregación religiosa y donde enfermó a finales de 1999, por lo que fue trasladado de nuevo a Barcelona.

Según informa 'El Periódico de Cataluña', que cita a un religioso que acogió al violador, desde que salió de prisión López Maíllo "no causó ningún problema y no reincidió en sus ataques a mujeres".

ciertos límites preestablecidos por esas reglas no escritas que rigen para la mayoría de la gente del hampa.

Por ello resulta muy frecuente que lleven entre su documentación estampas muy queridas de vírgenes y cristos, según su origen y devociones. Otro tanto suele ocurrir con las prostitutas en general, en cuanto a códigos de conducta y devociones religiosas. Ello nos recuerda que no es de extrañar que el doctor Lombroso, médico, antropólogo y criminólogo italiano del siglo XIX, estableciera tipos de delincuentes natos entre los hombres, señalando como su equivalente en el género femenino a las prostitutas natas.

12. Molestos cambios de turno y un Dodge Dart en Torre Baró

Cuando ya llevaba más de un año en este destino, me tocó cumplir mi servicio junto con otro compañero al que faltaban pocos meses para jubilarse, y recuerdo perfectamente que sobre las nueve y media de la tarde, cuando más tranquilos estábamos, esperando a que diesen las diez y llegase el relevo para marcharnos, entró un señor para formular una denuncia, y mi compañero, ni corto ni perezoso, desde que le vio acercarse, echó mano a unas puertas dobles, corriendo un cerrojo y diciendo al recién llegado:

—¿No ve que estoy cerrando? Tendrá que volver mañana.

Estas cosas eran las que aliviaban un poco de la rutina habitual, sobre todo de los atestados por accidentes de circulación, que nos obligaban a escribir mucho, y más que nada en cuestión de números de matrículas, permisos y seguros. En este sentido se alivió bastante nuestra tarea cuando la policía local de Barcelona se hizo cargo de la tramitación de los atestados por accidentes de circulación, con la aportación de datos esenciales para la investigación, como fotografías y croquis.

. . . .

Durante mi destino en esta comisaría, me tocó hacer la inspección ocular en una vivienda donde había aparecido muerta su única ocupante, al parecer desde hacía unos quince días. El hedor era casi insoportable, y aunque suponíamos que el fallecimiento se había producido por causas naturales, procuramos abrir todas las ventanas para que, sin alterar la situación del escenario del suceso, se ventilase aquello un poco hasta que el señor juez de guardia acordase el levantamiento del cadáver.

Otra experiencia inolvidable fue la de una tarde que nos tocó hacer una gestión de localización de un automóvil *Dodge Dart* en un barrio muy deprimido y alejado, situado más allá del barrio de San Andrés, en el extremo noroeste de la ciudad, concretamente se llamaba Torre Baró, y era una especie de recinto rodeado por un muro blanco, como de dos metros y medio de altura, dentro del cual se encontraban casitas bajas y chabolas, todo ello sin asfaltar ni servicios de agua corriente. Aunque para la electricidad siempre conseguían empalmar por su cuenta con algunos cables próximos. Despachamos el asunto lo más deprisa posible, hablando con un gitano mayor y muy amable (las gitanas nunca sabían nada). Este hombre de baja estatura y con unos bigotes espectaculares, era el patriarca de los gitanos que vivían en aquel lugar. Con su compañía conseguimos llevarnos el automóvil de referencia, y localizar las obras, próximas a la Sagrada Familia en que trabajaba el que había adquirido dicho vehículo. Lo primero que pensamos es que para detener a alguien allá habría que entrar y salir con algún tanque o con un grupo numeroso de policías.

Una vez el ostentoso automóvil estuvo en el garaje de la Jefatura superior de policía de Barcelona, fue analizado minuciosamente. De otra parte nos pusimos en contacto con el gitano que trabajaba cerca de la Sagrada Familia, enterándonos del nombre y dirección del que le había vendido el coche. Con esos datos hicimos un detallado informe para la brigada de investigación criminal que favoreció la detención de los tres autores del robo con homicidio que habían cometido en la persona de un joven aristócrata aficionado a la cocaína y frecuentador de ambientes poco recomendables en las calles San Ramón y Robador de Barcelona.

Desde luego por su situación y condiciones no conozco ningún lugar más peligroso en la Barcelona de la época que Torre Baró, porque a su lado el Campo de la Bota, las chabolas de Montjuich y las Casas Baratas de Casa Antúnez me parecían relativamente apacibles.

13. Alquileres en el Monte Carmelo. Corrupción civil y judicial

Dos años después de mi matrimonio, en el año 1968 surgió algún problema en las viviendas donde vivíamos de alquiler, por lo que algún vecino me comentó algo. Se ha de tener en cuenta que se trataba de viviendas de reciente construcción en la falda posterior del Monte Carmelo, y dada la inclinación tan considerable del terreno, tenía tres plantas edificadas sobre la calle por la que se accedía a las mismas, Fastenrath —nombre de un antiguo y afamado médico judío—; pero por la parte posterior tenía tres viviendas más —sótanos menos uno a menos tres— que también habían sido alquilados de la misma forma, tras la entrega de la cantidad de cuarenta mil pesetas, y pagando un alquiler mensual de dos mil doscientas pesetas. Yo sabía que la percepción de cantidades para el arrendamiento de las viviendas, no solo estaba prohibida, sino que constituía un delito perseguible de oficio tipificado en el código penal, así que al enterarme del problema surgido con algún vecino sobre el pago del alquiler, me puse de acuerdo con otros tres arrendatarios de las viviendas y nos fuimos a la Comisaría del Distrito de Gracia donde denunciamos formalmente a la empresa que nos había arrendado las viviendas por cobrarnos las referidas cuarenta mil pesetas a fondo perdido.

Al poco tiempo nos citaron de un juzgado de instrucción de Barcelona para que nos ratificáramos en nuestras respectivas denuncias, y en el juzgado comprobamos que existía una auténtica resistencia por parte del oficial encargado del asunto a que las denuncias siguieran su curso, poniéndonos toda clase de inconvenientes. Luego con el tiempo me enteré de que uno de los empleados principales de la empresa denunciada era precisamente oficial de otro juzgado en Barcelona, donde la corrupción generalizada tenía unos tintes alarmantes.

Lo cierto es que, ante la firmeza de nuestras posturas, no les quedó otro remedio que iniciar la tramitación. Y poco después nos avisaron de la empresa denunciada para que fuésemos a pactar las condiciones para que se nos devolvieran las referidas cantidades, lo que realizamos mediante unos contratos en que se comprometían a devolvernos el dinero en tres plazos, a cambio de que renunciásemos a seguir en la vía judicial. Así que nos abonaron el primer plazo y firmamos tan felices de haber conseguido nuestro propósito.

Ello no debería haber sido inconveniente para sancionar judicialmente al principal responsable de la empresa, puesto que se trataba de delitos perseguibles de oficio; pero el tejemaneje y "pasteleo" entre los funcionarios judiciales y las empresas privadas era allí cosa muy frecuente.

14. 1967. Una pasantía en Barcelona. Las astillas y otras corrupciones

En la primavera de 1967, al ser relevado en el servicio de guardia a las nueve de la mañana un sudoroso compañero malagueño me mostró un anuncio publicado en la sección correspondiente de "La Vanguardia", en el que ponía que se precisaba pasante para el despacho de un abogado, indicando que los interesados podían escribir a una dirección en la calle Mayor de Gracia. Él me dijo muy ilusionado que iba a escribir para ver si conseguía esa pasantía.

Por mi parte en cuanto salí, camino de mi casa, me compre el indicado periódico y, unas horas más tarde, aprovechando que fui con mi mujer a un taller de una tía suya dedicado a la confección de ropa de cama, y que había allí una máquina de escribir que no utilizaba nadie, escribí a la mencionada dirección. Pocos días después me contestaron indicándome los dos números de teléfono del despacho para que llamase en horario de tarde a fin de concertar día y hora para una entrevista con el letrado señor Ferré Martí, que meses después me enteré que era de mi edad y había cumplido su servicio militar en milicias universitarias en el campamento de Castillejos los mismos veranos que estuve yo.

Me dijo que el horario de trabajo sería de mañana y tarde, la para mi importante retribución que iba a percibir, y convinimos que acudiría todos los días libres de mi función administrativa en la comisaría.

Yo tenía alguna experiencia por haber realizado algunos meses de pasante en horario de tarde en Zaragoza, con un abogado cuando estudiaba quinto curso y con otro después de terminada a carrera; pero lo de percibir alguna retribución por ello en esta ciudad era impensable. En Barcelona trabajé bastante, sobre todo en la redacción de contratos privados y la de un conjunto de escritos que se utilizaban para la realización de una especie de limpieza transaccional en empresas privadas que, con la amenaza de la quiebra y el importante quebranto patrimonial que produciría, se desembarazaban de empleados y acreedores mediante el abono de un cuarenta y cinco por ciento del importe de sus obligaciones laborales y crediticias.

En lo relativo a cuestiones civiles y mercantiles —puesto que este abogado no llevaba asuntos de derecho penal ni laboral—, me correspondía preparar muchos escritos para separaciones matrimoniales, de las que llevaba bastantes porque era sobrino de un canónigo que era profesor de derecho canónico en la universidad y actuaba también como juez en la curia ocupada de las separaciones eclesiásticas (las únicas permitidas en aquella época). Además en las mismas oficinas del abogado se encontraban también las de la gestoría administrativa de su padre.

En Barcelona a toda clase de demandas y escritos jamás se acompañaban los documentos originales porque desaparecían con demasiada frecuencia, y por ello se adjuntaban fotocopias de los documentos que interesaban. De otro lado, la famosa "astilla" o propina era habitual y casi obligada, mientras que en Zaragoza funcionaba a petición de los oficiales y auxiliares de cada juzgado o tribunal, que a Dios gracias no eran la mayoría.

Por un asunto concreto cuya reclamación o defensa fue encomendada a mi principal, en relación con la empresa que monopolizaba el tema de las pompas fúnebres, me enteré de que por esta firma se repartían sobres llenos de billetes de banco a los personajillos que llegaban como gobernadores civiles o militares, delegados de Hacienda y toda clase de jerifaltes de cierta importancia o relieve, tanto civiles como militares y eclesiásticos. Es decir que con nuestra democracia no hemos descubierto nada nuevo, puesto que la corrupción estaba instalada ya en la España franquista.

15. Zaragoza, 1969. Aviso suicida en el Ebro. "No, si no es por no ir…"

En las navidades de 1969 conseguí el traslado a Zaragoza luego de buscar las oportunas recomendaciones, sin las que hubiese sido imposible que me lo concediesen, que no era por antigüedad sino de los denominados por elección de la superioridad. Se trataba de una época en la que había tal cantidad de jefes y jefecillos que prácticamente no se mencionaba nunca el cargo de la persona que ordenaba hacer algo, sino que se hablaba de *Superioridad* con tal aplomo y confianza que daba la impresión de que se aludía siempre a una especie de Dios todopoderoso o de providencia divina al menos, que no exigía nunca de ninguna clase de explicación o aclaración.

Al principio de mi llegada a Zaragoza, presencié un espectáculo que realmente era muy poco edificante. Sobre las trece cuarenta. Una pareja de compañeros del 091 (servicio urgente de la policía), ambos próximos a la fechas de sus jubilaciones respectivas, se encontraban en la Inspección de Guardia de la comisaría del distrito de centro, en la que yo prestaba mis servicios, y que estaba ubicada provisionalmente en la planta baja de la jefatura superior de policía. Ambos charlaban tranquilamente en espera de que transcurriesen los veinte minutos que faltaban para ser relevados del servicio, cuando recibieron una llamada telefónica de la sala del 091 situada en el piso segundo, avisándoles de que fuesen urgentemente al puente de Piedra, que se halla tras de la Basílica del Pilar, donde un hombre parecía querer tirarse al río, sin duda con la finalidad de quitarse la vida. El aviso no se prestaba a ninguna clase de interpretaciones; pero lejos de salir rápidamente para dirigirse en su vehículo especial al lugar, los dos funcionarios iniciaron un diálogo sobre lo que tenían que hacer al llegar allí, y discutieron sobre la cuestión telefónicamente con el funcionario que les había avisado diciéndole:

—Oye tú eres el jefe y tienes que decirnos lo que tenemos que hacer en el puente de Piedra, tú tienes que dirigir la operación.

Por fin cuando salieron habían trascurrido unos diez minutos después del primer aviso. Poco más tarde nos enteramos de que el hombre del que se trataba se había lanzado sobre la zona de piedras grandes a la que no llegaba el agua del río, perdiendo la vida de forma inmediata. Los primeros en intervenir en el lugar fueron varios policías locales que se encontraban muy cerca, concretamente en las oficinas y el garaje que tenían en el sótano del Ayuntamiento situado junto al Pilar.

16. Regalitos peligrosos para inspectores puntillosos

Otro incidente que me llamó profundamente la atención ocurrió días después. En el trabajo estábamos organizados por parejas, es decir que en estas comisarías donde el trabajo era considerable actuábamos en turnos de dos inspectores, figurando el mayor como instructor y el más moderno como secretario. A mí me había tocado con un señor muy próximo a la jubilación apellidado Armiño que era bastante puntilloso y severo, aunque como teníamos que estar muchas horas juntos procurábamos llevarnos bien. Creo que se trataba de un señor que vino a dar cuenta de que se había encontrado su automóvil en la calle con serios desperfectos ocasionados seguramente por otro desconocido que no había dejado ninguna clase de datos. Por ello el objeto principal de su denuncia era el que le diésemos el justificante correspondiente para que le pagase la reparación su compañía de seguros, porque lo tenía asegurado a todo riesgo. Al terminar nos ofreció algo para que tomásemos un café, a lo que nos negamos totalmente porque nos habíamos limitado a hacer nuestro trabajo. Pues bien, unos minutos después de marcharse el denunciante observamos que sobre el mostrador había un billete de cien pesetas. Así que, inmediatamente, mi compañero tomó el billete y copió la dirección del espléndido ciudadano y se marchó rápidamente. Regresó enseguida diciéndome que había tomado un taxi que le había llevado hasta el domicilio del referido perjudicado, al que había devuelto el dinero, volviendo en el mismo taxi.

Hoy en día, con la que está cayendo, que suele decirse, ese gesto parecería un tanto exagerado, puesto que otra alternativa hubiese sido llamar a ese ciudadano para que recogiese su dinero. A mi desde luego la conducta de mi compañero me pareció extremada y enseguida me di cuenta de su motivación, que no era otra que el miedo de que el asunto hubiese llegado a conocimiento de la superioridad que, por entonces y de forma claramente arbitraria e injusta, trasladaba a los funcionarios haciéndoles doblar el mapa, como se decía, de un extremo a otro del país, por un quítame allá esas pajas.

17. Profesor de prácticas, una familia sospechosa y traslado de la Comisaría de Centro a la del Arrabal

Como yo había obtenido el nombramiento de profesor ayudante de clases prácticas de derecho penal en la facultad de derecho, lo comuniqué así a la jefatura de mi cuerpo en Madrid, solicitando la oportuna compatibilidad, y al serme concedida, siempre siguiendo el cauce reglamentario, me llamó el jefe superior de policía y me dijo que debía renunciar a ello porque los estudiantes me iban a realizar toda clase de vejaciones, a lo que me negué totalmente. Ante lo que el mismo jefecillo, que tenía mucho de cobarde, y poco de hombre cabal, comenzó a amenazarme porque se había enterado de que tenía dos hermanos "tremendamente peligrosos", uno que había venido de Alemania para crear las juventudes socialistas y el otro que había osado firmar un escrito que circuló en diversos medios sobre malos tratos por parte de la policía franquista a los sufridos súbditos de tan oscuro país. Me dijo que yo era una especie de espía y que me iba a someter a vigilancia, y otras lindezas semejantes.

Yo aguanté como pude semejante chaparrón, y me comunicó finalmente que, por hacerme un favor, iba a ser trasladado de Comisaría, ya que por la de centro pasaban más estudiantes que me podían ver y luego podrían reconocerme.

Por ello, cuando llevaba un año en esta comisaría, fui trasladado a la Comisaría del distrito de Arrabal, a la que correspondía toda la zona situada al otro lado del río Ebro, precisamente ocupando todo el norte de la ciudad.

De este lugar recuerdo con mucho agrado las partidas de tute subastado con los policías armados de servicio, ya que era muy raro que acudiese ningún denunciante a partir de las diez de la noche. De todas formas no dejaron de ocurrir incidentes poco frecuentes.

. . . .

Al realizar el relevo de las nueve la mañana, acostumbrábamos tomar café tres o cuatro compañeros. Pues bien, una mañana de primavera, al que le tocaba estar de guardia, de unos cuarenta y cinco años, le llegó una señora muy excitada a denunciar a su marido, por lo que los demás salíamos con un educado "hasta luego"; pero el inspector que la atendía nos dijo: "un momento, esperar porque yo a esta mujer no la entiendo", inmediatamente la señora le propinó una bofetada con todas sus fuerzas. En vista de tal panorama los demás huimos en desbandada. Se trataba de la panadera de un horno próximo, que sufría de algún tipo de enfermedad nerviosa o mental, muy conocida en la Comisaría por los que llevábamos más tiempo, y de la que era difícil librarse si no era a base de mucha paciencia.

18. 1971: El autobús que se precipitó por el puente de Piedra

Otro asunto de gran transcendencia sucedió poco después de las doce de la noche del día 19 de diciembre de 1971: un autocar procedente de Barcelona y con destino a Badajoz, chocó contra la valla lateral del Puente de Piedra, arrastrando varios metros de la misma y cayendo a las aguas del río Ebro junto al llamado pozo de San Lázaro, y quedó flotando y con su costado derecho a la vista, en diagonal a la corriente. Sobresalía menos de un metro; pero sobre él se fueron colocando algunos pasajeros que habían conseguido salir por varias ventanillas y salidas de emergencia, agarrándose donde podían para evitar el contacto con el agua, muy fría en esos días de niebla persistente. Tuvieron que intervenir los bomberos ayudados por militares del regimiento de pontoneros, que con dos lanchas fueron rescatando como pudieron a los supervivientes que eran conducidos por taxistas, algunos particulares y las ambulancias de todas clases, a los hospitales y centros médicos, puesto que, aparte algunas lesiones de diferente gravedad, casi todos padecían hipotermia por la permanencia en el agua tan fría. Fueron también muchos los zaragozanos, además de policías y personal sanitario, que prestaron su ayuda, especialmente para el traslado de los primeros rescatados, y para ayudar a sujetar la cuerda de una de las dos lanchas de salvamento para que no fuese arrastrada por la corriente de junto al vehículo siniestrado.

El recate de los pasajeros duró más de dos horas, aunque se hizo todo lo rápidamente que se pudo, porque existía el temor de que el autocar se sumergiese totalmente hacia el pozo de San Lázaro, de quince metros de profundidad, por la fuerza de la corriente. Hubo momentos en que llegó a temerse por la estabilidad del puente, debido a la gran cantidad de personas que había sobre el mismo, además de los vehículos y miembros de los cuerpos asistenciales antes mencionados. En total fueron rescatadas cuarenta y dos personas con vida, y el conductor ya fallecido. Otros habían desaparecido, en total nueve personas y de ellas cinco niños, que ya no fueron encontrados jamás, pese a los esfuerzos que se efectuaron en los diversos tramos del río.

Para nosotros, en la Comisaría de Arrabal, la primera noche fue de trabajo incesante tramitando un atestado con todos los datos que se fueron recopilando sobre el accidente y las personas que lo sufrieron. Por fortuna a mí no me tocó hasta dos días más tarde, cuando ya únicamente íbamos añadiendo para el juzgado los datos de algunos de los heridos sometidos a operaciones hospitalarias, o dados de alta en los centros médicos correspondientes, y a todos los que se les iba haciendo un justificante sobre los bienes y documentos perdidos. La mayoría eran extremeños que habían efectuado el viaje para pasar las vacaciones de navidad en Badajoz y diversas localidades de la región.

En cuanto a la causa del accidente parece que fue que el conductor se despistó al llegar a la entrada del puente, por sueño u otra razón, entrando en el mismo, que suponía hacer un giro considerable a la izquierda, a velocidad excesiva por lo que no pudo enderezar el vehículo tras efectuar la maniobra hacia la izquierda para entrar en el puente.

Pocos días después trataron de sacar el vehículo del río con una grúa muy potente; pero se rompió la sirga y dicho autocar desapareció totalmente en el pozo de San Lázaro, del que fue extraído diez años más tarde.

19. Las comisarías como confesionario laico. Un inspector sorprendido robando albaricoques

No podemos olvidar aquí que las inspecciones de guardia de las comisarías funcionaban como una especie de confesionario laico al que muchas mujeres y algunos hombres acudían como consultorio general y sentimental, explicando sus problemas y solicitando soluciones. Así era frecuente el caso de mujeres que sospechaban que su marido les era infiel, incluso algunas, por el escaso nivel general de conocimientos, acudían con la pretensión de que los sometiésemos a vigilancia. Con cierta frecuencia nos encontrábamos con asuntos que bordeaban lo cómico por su puerilidad, como el de una brava señora que decía que su marido "no tenía colilla" por lo que se tenía que separar. La respuesta solía ser siempre la misma que, como no había venido aquí para contraer matrimonio, tampoco podía ser que la separásemos de su marido, sino que tenía que ser por la Iglesia o, más tarde, cuando se autorizaron la separación y el divorcio judicial, a través de los organismos correspondientes.

A medida que se fue extendiendo la aplicación de las normas sobre separación y divorcio fue aumentando el número de denuncias de mujeres a sus maridos por malos tratos de obra y de palabra. Normalmente se aconsejaba por los abogados a las señoras que pasasen por la Casa de Socorro para conseguir el parte facultativo de las lesiones que, más adelante, les solían servir de apoyo en sus demandas de separación y de divorcio.

. . . .

Los inspectores señores Mandado y Zorrilla solían ir juntos en un coche radio-patrulla del 091 conducido por un policía armado de uniforme de color gris y, con relativa frecuencia visitaban la comisaría. Algunas veces para dar cuenta de algún hecho delictivo y sus gestiones, o incluso además con algún denunciante o detenido. Y en otras ocasiones únicamente para pasar un rato charlando.

En una ocasión, aprovechando que Zorrilla había ido a comprar alguna cosa, el señor Mandado me contó su preocupación en relación con la conducta de su compañero de trabajo. Relató cómo en ocasiones, cuando querían descansar y relajarse un rato, se iban a una zona lindante con el Canal Imperial —que transporta desde el llamado Bocal de Tudela a Zaragoza el agua de boca y riego (actualmente solo en parte)— porque sabían que las comunicaciones por radio, deficientes en aquella época, no podían recibirse allí.

El tema es que, circulando despacio por la orilla del canal, el avispado señor Zorrilla observó que había un hermoso árbol lleno de jugosos albaricoques en sazón, cuyas ramas quedaban sobre el camino, separado del huerto por una tapia de piedra, y le dijo al conductor que estacionase el vehículo justo debajo de tan llamativos alberges y, subiéndose sobre el mismo, se puso a coger y comer todos los que pudo; pero resultó que el hortelano debió observar el expolio desde algún lugar de la finca y salió al camino dando voces y tirando piedras al intruso, de forma que tuvieron que salir del lugar con el coche a toda velocidad.

El airado agricultor, o no se fijó en las especiales características del automóvil, o pensó aquello de que "con la Iglesia hemos topado", que se trataba de capricho y no de negocio a su costa, o consideró que, al fin y al cabo, la fruta sustraída quedaba fuera de la huerta. Lo cierto es que no formuló queja ni reclamación alguna a pesar de su furibunda reacción; con lo que, transcurridos unos días, se disiparon las preocupaciones del amigo Mandado por el comportamiento pícaro, incívico y arbitrario de su compañero.

Pese al gesto de zozobra del que me lo contó, yo me imaginé las escenas como especialmente divertidas y lamenté no ser guionista de alguna neorrealista y esperpéntica película al estilo italiano que había triunfado plenamente en la España de pocos años antes. El pícaro recolectando albaricoques sobre el coche del 091 y las peripecias seguidas por los sufridos funcionarios encorridos por el frustrado e iracundo hortelano, eran dignos de haber sido llevados al lienzo por pintores como Goya y sus seguidores.

20. Reivindicación laboral sancionada con traslado.

Después de cinco años fui destinado otra vez a la comisaría de centro, donde ya continué por espacio de quince años (1972 a 1987). El motivo de mi traslado fue que con otro compañero apellidado Aldeu subí al despacho del jefe a protestar por el excesivo horario de trabajo que teníamos que realizar durante los últimos días, ya que en lo que había sido parte de nuestro tiempo libre nos hacían madrugar mucho con la pretensión de que evitásemos la "siembra con octavillas" de propaganda antifranquista, e incluso recogiésemos las que pudiésemos para evitar su lectura a nuestra "mayoría silenciosa" y conformada con los exagerados destellos de nuestros futbolistas preferidos y algunas alternativas similares como los toros, los programas de la "tele", etc.

Esa protesta, que yo pretendía respetuosa, por la

vehemencia y acaloramiento excesivo de mi compañero, se tornó casi violenta, al golpear este con la mano contra la mesa del jefe y llegar a zarandearle tomándole con una mano de la ropa del pecho, hasta el punto de tener que sujetarle yo a él para que se tranquilizase y terminase con su desaforado comportamiento.

He de reconocer que mi traslado fue benigno, puesto que a mi compañero lo destinaron a un servicio especial anti-atracos a bancos, de reciente creación, y pocos días más tarde fue enviado a la frontera con Portugal en Rosal de la Frontera (Badajoz). En este lugar pidió la excedencia en la que permaneció ejerciendo la profesión de abogado en Zaragoza, hasta que reingresó en nuestro cuerpo dos años antes de su pase a segunda actividad.

21. Menores peligrosos, coches, tirones y un inspector víctima de un robo

En estos años existía alguna pandilla de menores que se aficionó sobremanera a la sustracción de vehículos de motor, y a realizar con ellos carreras nocturnas a gran velocidad por nuestra ciudad y, en ocasiones, terminaban con alguno de los automóviles estampado contra otros coches estacionados, agravando así considerablemente los daños causados a los vehículos de varias personas.

Los coches procuraban desvalijarlos, quitándoles los aparatos de radio y musicales, así como, en su caso, los equipajes que llevasen y toda clase de accesorios, que solían vender a desaprensivos compradores habituales e incluso a adquirentes ocasionales. Se trataba de menores comprendidos entre los nueve y los diecisiete años que se organizaban en bandas de malhechores, y que además de destrozar o quemar muchos de los automóviles que sustraían, se servían de los mismos durante los dos primeros días para sustraer bolsos de mujeres de toda clase de edades, mediante el procedimiento del "tirón", es decir sacando el brazo uno de los ocupantes del vehículo por la ventanilla y dando un fuerte agarrón de las asas del bolso, del que se apoderaban, desvalijándolo enseguida, y ocasionando en ocasiones lesiones de gravedad a las víctimas de sus rapiñas, al caer al suelo por la violencia del estirón. También mercadeaban con drogas estupefacientes, y cometían algún otro tipo de hurtos y robos, sobre todo acorralando a sus víctimas y amenazándolas con armas de fuego o cuchillos.

Destacó sobre todo la banda del "Cajonero" en la que la obediencia y disciplina se imponía siempre por los más fuertes y crueles, hasta el punto de que una tarde, junto a las tapias del cementerio de Torrero, mataron a uno de los miembros, atropellándole y pasándole varias veces por encima con un coche, por el simple hecho de que su proceder era más cauto y moderado y lo consideraban incómodo para la mayoría.

Aunque muchos de ellos fueron detenidos y puestos a disposición del Tribunal de Menores, enseguida conseguían fugarse del reformatorio, reintegrándose a sus pandillas y volviendo a sus fechorías habituales. Desde luego tenían una gran destreza para la sustracción de los vehículos, consiguiendo entrar, a veces incluso rompiendo la ventanilla, realizar el "puente" uniendo los cables de arranque y alejándose enseguida del lugar.

Recuerdo a este respecto un día que nos hallábamos en un bar tomando unos vinos antes de la hora de comer varios compañeros y un médico de medicina general que era muy aficionado a la criminología y alternaba con nosotros en muchas ocasiones. Enterado este doctor de que a mi compañero y amigo Ederra le habían sustraído el coche hacía unos días, le dijo en plan de guasa que le parecía mentira que un policía se hubiese dejado quitar el coche. A lo que el otro, sin pensarlo dos veces, le dijo que le parecía mucho peor lo suyo, que siendo médico se hubiese dejado morir a su padre.

22. Malditos roedores

Entre los doce y los veintidós años debí de agotar todo mi amor por los animales con las yeguas y caballos de mi abuelo materno en su pueblo riojalteño y sus proximidades, porque confieso humildemente que no resulto nada simpático a perros, gatos ni cualquier otra clase de semovientes domésticos no pertenecientes a la raza equina. Y además siento una repugnancia especial hacia las ratas.

Por citar un pequeño incidente, recuerdo perfectamente que en una ocasión me toco realizar una gestión en la calle de la Libertad, muy conocida por ser la entrada del "Tubo" desde la plaza de España. No tuve ningún problema para entrar en la casa porque la puerta de la calle estaba abierta, era un día claro y soleado y se veía perfectamente en el interior, por lo que comencé a subir las escaleras y observé que una rata de buen tamaño me miraba desde el escalón superior, ante lo que me di la media vuelta descendiendo los pocos escalones que había pisado y volviendo por donde había venido.

No recuerdo que tipo de gestión o averiguación tenía que realizar, pero lo que sé es que contesté el escrito de que se trataba con la explicación habitual: "Las gestiones realizadas en relación con lo interesado al dorso han resultado infructuosas".

Mis experiencias con las ratas se limitaban a lo que había oído en el pueblo cuando tenía siete años, que para limpiar los graneros de trigo y cebada, cuando habían quedado vacíos, con el fin de poderlos pintar o encalar, entraban los peones con escobones fuertes y se ataban los pantalones con cuerdas por encima de los tobillos porque sabían que las ratas, si eran perseguidas y acosadas, se metían por dentro buscando refugio y roían las piernas con peligro de transmitir alguna enfermedad.

Un lugar donde abundaban también esta clase de roedores era en los montones de basura que cubrían los caminos existentes entre las chabolas de la ladera este de Montjuich, donde se limitaban a echar una fina capa de tierra sobre tales desechos que debían recogerse por los servicios de limpieza municipales una vez por semana o así. Alguna vez se ha ocultado el sol cuando regresaba de allá y recuerdo perfectamente haber sentido el roce de las ratas contra mis pies, pese a que caminaba levantándolos excesivamente para tratar de hacer ruido y a la vez no tropezar y caerme.

En una ocasión, buscando setas de chopo cerca

de la ribera del río Oja me encontré con una hermosa culebra de llamativos colores verdosos, enroscada bajo un conjunto de ramas verdes y hojas secas, también me impresionó considerablemente, amargándome y haciéndome desistir de la búsqueda de los sabrosos hongos; pero más que sensación de repugnancia, mi impresión fue de temor, aunque sabía perfectamente que esta clase de culebras eran totalmente inofensivas.

Esto es que la culebra, como algún escorpión que he visto de niño, cuando nos metíamos por todos los sitios, me causó temor; pero no la repugnancia tan grande que siento hacia los repetidos roedores.

23. Como abogado acusador en un crimen… ¿pasional?

En las proximidades del canal imperial de Zaragoza, concretamente en la calle de Santa Gema, se produjo un homicidio, al disparar contra Lorenzo Aranda una mujer, llamada Elisa Gómez, con una escopeta de caza perteneciente a su marido. Como la viuda del fallecido llamada Francisca Pina vivía en Azuara, para defender sus derechos acudió a mi compañero Ismael Gracia; pero como este se dedicaba exclusivamente a asuntos civiles y mercantiles, me envío a mí a dicha señora que me contó con detenimiento lo ocurrido.

Yo realmente sabía más que ella del tema porque desde que se produjo y se publicó por la prensa de Zaragoza, había hablado con mi compañero conocedor de datos que la viuda no sabía. Parece ser que Lorenzo había tenido relaciones íntimas con su agresora, que aprovechaba las ausencias de su marido como pastor, para dedicarse al oficio más antiguo del mundo, con algunos que la conocían, a cambio de precios muy ajustados. Y parece ser, también, que en los últimos tiempos ese tipo de relaciones se fue haciendo muy esporádico y, por alguna razón que no conocíamos, la mujer ya no quería trato alguno con Lorenzo y, según ella, así se lo había advertido.

Sin embargo el tema no estaba nada claro, puesto que Elisa Gómez declaró que no había usado nunca anteriormente la escopeta de su marido, y en el caso de autos, no solamente la utilizó, sino que la manejó con suma destreza. Además su esposo había manifestado que jamás dejaba la escopeta cargada, por lo que ella tuvo que meter dos cartuchos de postas en la recámara, a pesar de que la mayoría de los que había dentro del mueble en que los guardaba eran de perdigones apropiados para codorniz, perdiz y conejo.

La acusada había incurrido además en varias contradicciones en sus declaraciones. Todo ello me llevó a solicitar para ella la pena de veinte años de privación de libertad por el delito de asesinato cualificado por la circunstancia agravante de alevosía, o lo que es lo mismo, por haber utilizado la autora en su homicidio, medios y formas para asegurarlo, evitando además el riesgo para su persona que pudiese proceder de la defensa de su víctima.

Sin embargo el tribunal le impuso en su sentencia una condena de doce años de prisión por apreciar en su conducta la circunstancia atenuante de la responsabilidad criminal de haber obrado en defensa de sus derechos, es decir lo que se denomina legítima defensa incompleta. Hemos de tener en cuenta que su defensa fue ejercida por el que otros muchos y yo considerábamos el mejor abogado penalista de la Ciudad, José Antonio Ruiz Galve. Además, la víctima tenía numerosos antecedentes desfavorables y, mediante dos testigos, la defensa de la acusada demostró que su víctima le había hecho objeto de malos tratos de obra en varias ocasiones.

En cuanto a la responsabilidad civil, como la responsable era insolvente, no se recibió por mi patrocinada la cantidad que le correspondía como indemnización por la muerte de su esposo.

24. Un paréntesis: recuerdos del abuelo y los "Asesinos del amanecer"

Este caso me dio mucho que pensar, porque recordaba perfectamente que cuando era niño, mi abuelo en invierno, sobre todo si caían buenas nevadas, echaba migas de pan en el patio y luego bajaba con la escopeta y, escondido tras la puerta de una cuadra o granero, disparaba contra los grupos de gorriones que se juntaban picoteando las migas. Recordaba también haberle ayudado a desplumar a los pajaritos que después nos comíamos fritos; pero siempre me hubiese parecido increíble que mi querido ascendiente fuese capaz de disparar contra persona alguna.

Sin embargo, pocos años después vine en conocimiento de que en los primeros meses de la guerra civil había salido por las noches, con la escopeta al hombro, hasta la entrada del pueblo por la única carretera que constituía en aquella época la entrada y salida del lugar, con la finalidad de impedir la llegada de una camioneta que utilizaban algunos falangistas de localidades próximas, para llevarse a algunos lugareños cuyo nombre y dirección se les había facilitado mediante una lista de supuestas personas de ideas izquierdistas o republicanas, a fin de darles el consabido "paseo", nombre por el que se entendía matarlos a tiros en alguna cuneta alejada del pueblo, siguiendo así las consignas de Mola, Queipo de Llano, Franco y otros generales africanistas que arrasaron nuestro país a sangre y fuego, con la luego bien pagada ayuda de nazis y fascistas, y con la finalidad de sembrar el terror a diestro y siniestro para destruir la República y exterminar a demócratas, liberales y cualquiera otros que osaran oponerse mediante la palabra o la acción a sus siniestros propósitos.

Años después, desaparecido el tirano y adormecidos sus partidarios, cuando aprovechando esta aparente democracia formal, considerablemente mejorable, comienzan a aparecer publicaciones escritas y por otros medios que nos van narrando los horrores y padecimientos de nuestros conciudadanos, a derecha e izquierda, desde la sublevación de los mencionados generales contra la República, que estaba dirigida por intelectuales y personajes incapaces de prevenir y evitar la que se nos venía encima. Años después repito, cayó en nuestras manos un libro que trata de todas las personas asesinadas en la Rioja durante los primeros meses de la guerra civil, en el que, conforme a las versiones de varias personas que contaron detalladamente el hecho de que mi repetido abuelo, muy religioso y de derechas, por supuesto, se encontraba ausente del lugar durante los primeros días de la sublevación militar, porque siguiendo su costumbre habitual había viajado a Cantabria y Burgos para vender los vinos que elaboraba en sus bodegas de Fonzaleche y Sajazarra. Y al regresar pocos días más tarde se enteró de que habían desaparecido del pueblo el alcalde y otros seis ciudadanos, secuestrados por los que podríamos denominar como "asesinos del amanecer".

Inmediatamente se presentó en el ayuntamiento advirtiendo a sus nuevos "inquilinos" que de allí no se llevaban a nadie más si no era pasando por encima de su cadáver.

Lo cierto es que a partir de entonces no tuvo lugar la "saca" de ninguno más; pero pese a ello, a los siete ya contabilizados, se han de añadir dos zapateros que fueron los primeros en morir ahorcados en su casa, según se dijo entonces porque se habían suicidado, aunque resulta claro que fueron asesinados vilmente por tres personas del mismo pueblo, debido a que leían más que los demás y eran considerados de ideas izquierdistas. Esto representa un total de nueve personas asesinadas en un pueblo tan pequeño. De todas formas la indicada cifra se hubiese incrementado considerablemente de no ser por el proceder de mi repetido ascendiente, lo que ocasiona que sus descendientes nos sintamos muy orgullosos de su ejemplar comportamiento, sobre todo cuando todavía oímos a alguno que nos dice que su padre había conservado la vida gracias a la intervención de mi abuelo que se había ocupado de defender a sus vecinos sin otra ayuda ni compañía que la que le procuraba su escopeta. Recientemente los referidos lugareños y muchos de los que suelen vivir fuera se sintieron obligados a acompañar a algunos familiares que consiguieron enterrar en el camposanto de la villa a algunos de ellos. Que descansen en paz y su memoria pueda iluminar a posteriores generaciones que, a Dios gracias, estimamos que no padecerán nunca tantos horrores.

25. ¿Machismo…?

Entre las diligencias por malos tratos dentro del matrimonio o pareja de hecho, hoy en día de permanente actualidad, recuerdo el caso de una señora de unos cincuenta años que formuló una denuncia contra su esposo por malos tratos de palabra y obra, como entonces los denominábamos y que, de ser probados, solían sancionarse como faltas por la justicia municipal con una sanción pecuniaria de escaso importe, previa la celebración del correspondiente juicio de faltas.

Siguiendo el procedimiento habitual, escribimos el atestado oportuno, diciéndole a la señora que se pasase para su reconocimiento por la Casa de Socorro. Poco después nos trajo el parte facultativo en el que únicamente figuraban unas ligeras erosiones en las manos de la señora.

Posteriormente llamamos a su marido para que prestase declaración sobre los hechos denunciados. Enseguida se presentó, como suele decirse, con la cara hecha un Cristo, ya que la tenía toda sanguinolenta y con evidentes señales de haber recibido unos tremendos arañazos. A pesar de ello no quiso pasar por la Casa de Socorro, ya que por su cuenta se limitaba a darse agua oxigenada diciendo que enseguida se le curarían tan llamativas heridas.

Es decir que si hubo malos tratos de obra resultaba evidente que la víctima no había sido la señora sino su marido. Este por su parte no manifestó que su esposa le hubiese arañado, y se limitó a reconocer que habían tenido una pequeña discusión sin importancia, por lo no quería formular denuncia alguna contra ella.

Este tipo de riñas familiares solía ser bastante frecuente, en el sentido de que eran muchos los maridos que se comportaban caballerosamente con sus mujeres, y en casi todas las ocasiones eran ellas las que vivían con los pies bien afirmados sobre la tierra, tanto en los primeros escarceos como en los trámites de separación y divorcio. Ellas se aferraban a la realidad procurando quedarse con todos los derechos y propiedades que podían conseguir, y cuando ellos pretendían reaccionar, ante el egoísmo de sus parejas, siempre resultaba demasiado tarde.

. . . .

Tengo un compañero, también jubilado como yo, proclive a defender lo que consideramos conductas machistas, que suelen ser magnificadas por la prensa, y opuesto a los comportamientos feministas en general, que considera siempre más sibilinos e insidiosos. Suele recortar las noticias de prensa en las que se exponen sucesos de violencia de mujeres contra sus parejas, e incluso de auténticos casos de envenenamientos, bien en pequeñas dosis, o con efectos inmediatos, y censura que estas noticias vengan tan minimizadas respecto de las que hacen referencia a las agresiones de varones contra mujeres. En todo caso no le queda más remedio que reconocer que, estadísticamente, son mucho más frecuentes las agresiones producidas por los hombres.

26. Perico Fernández tras el rastro de un homicida

Una mañana en la Inspección de Guardia mi compañero y amigo Jesús Ortega, con el que había coincidido años antes en la misma tienda del campamento de milicias de Castillejos, me dijo:

—Oye Paco ¿no tendrás nada especial que hacer mañana por la tarde?

—Nada especial, desde luego —le contesté.

—Mira, es que he quedado con Perico Fernández a las seis de la tarde, porque me habló el otro día de un asunto importante que nos puede interesar, sobre el atraco a la caja de ahorros de las Fuentes en el que mataron al vigilante jurado que era amigo suyo.

—¿Nos va a decir dónde están escondidos los millones de pesetas que se llevaron?

—Algo parecido, le invitaremos a un par de copas para que se explique bien porque es un asunto que vale la pena. Quedé con él en la cafetería

Argensola y él nos dará los detalles.

—Vale, allí estaré.

Al día siguiente, poco después de la seis acudí al lugar donde ya me esperaban con un par de cuba-libres, con aire de conspiradores. Yo le pedí lo mismo al camarero y por el momento me dediqué a escucharles. Nos conocíamos con el exboxeador porque solía ir a una especie de tertulia de café a primera hora de la tarde en la que se juntaban varios conocidos en el "Stork Club" que a otras horas funcionaba como discoteca, y se encontraba en la Avenida Independencia, a la que todos conocemos como "el paseo" junto al ya desaparecido cine Coliseo. Era de propiedad de Miguel Fatás y otro socio apellidado Asín, y la mayoría de los que solían reunirse a las cuatro a tomar café eran hombres de negocios, sobre todo relacionados con la compra y venta de viviendas y con la construcción, y habían adquirido unas parcelas en Escarrilla (Huesca) entre ellos. Precisamente por aquellas fechas iniciaron la construcción de varios bloques de apartamentos en los referidos solares, que luego se vendieron muy bien, porque se encontraban muy cera de las pistas de esquí.

Pedro Fernández, excampeón mundial de boxeo, trabajaba por entonces como portero en la sala de fiestas Torreluna. Con su voz tartajeante nos explicó que había un rumano joven que se había comprado un coche deportivo muy chulo de marca Toyota y gastaba bastante dinero casi todos los días en dicha discoteca, que no sabía de dónde lo podría haber sacado.

—Pero tra, tra, tratármelo bien al mozo porque siempre se ha portado bien conmigo y me suele dar alguna pro, pro, propina, coño.

Jesús Ortega le dijo:

-Tú le tienes que decir al rumano que tu jefe te ha mandado que de vez en cuando practiques algún control del personal, por lo que te tiene que mostrar su documentación y te fijas bien en el nombre y la dirección y, en cuanto se meta para adentro, lo apuntas todo en un papel para que no se te olvide. Y nos tienes que apuntar también la matrícula de su coche.

A lo largo del tiempo le repetimos varias veces lo que tenía que hacer, y él nos dio las gracias por haberle invitado. Con toda la fuerza que tenía en los puños y que, desde luego, nunca la utilizó fuera del "ring", era muy buena persona y lo demostraba siempre y, sobre todo, en sus visitas a colegios, entre ellos en el que estudiaba mi hijo (Marianistas del paseo del Canal), y también a hospitales infantiles, donde le recibían los niños como a un ídolo deportivo, como se merecía. Nunca se le olvidó que procedía del colegio de huérfanos de la institución Pignatelli.

A nosotros nos facilitó los datos que le habíamos pedido y le dijimos que haríamos todas las averiguaciones pertinentes.

. . . .

En los días siguientes, con la información que

nos facilitó, consultamos el archivo general y el de extranjeros, comprobando que Carol Dimitriu, que era el nombre del rumano, tenía antecedentes por robo y que incluso había pertenecido a la policía en la Rumanía de Ceausescu. Además nos hicimos con una fotografía suya, y averiguamos su nuevo domicilio, que era un apartamento en el barrio del "Gancho", cerca de la iglesia de San Pablo. Por mi parte leí y tomé nota de parte del sumario sobre el atraco a la caja de ahorros de Ibercaja en las Fuentes, donde habían matado al guarda jurado de SEUR que prestaba sus servicios en el interior de dicha oficina bancaria. Este sumario había correspondido al Juzgado de Instrucción número cuatro.

Cuando tuvimos aclaradas todas nuestras notas procedimos a detener a Carol en su domicilio. Él aparentaba no entendernos bien; pero enseguida pidió que se le pusiese un abogado del turno de oficio. Ante el mismo siguió negándose a prestar declaración, y nosotros, mediante un breve escrito en el que indicábamos los motivos de nuestras sospechas, solicitamos al juzgado de instrucción número cuatro un mandato de entrada y registro. Así lo realizamos ante el detenido, su abogado y dos testigos. Registramos minuciosamente el apartamento del sospechoso, encontrando escondidas algo más de doscientas ochenta mil pesetas, una pistola automática de marca Parabellum, del calibre nueve largo, así como más de cuarenta balas, una agenda con nombres, direcciones y teléfonos, y varias dosis de heroína y de hachís.

Del nuevo interrogatorio del detenido, ante su abogado, no recibimos contestación alguna; pero como habíamos enviado la pistola con su munición al laboratorio de identificación, poco tiempo después nos participaron que había sido el arma causante de la muerte del vigilante jurado, y estaban preparando un detallado informe para el juzgado correspondiente.

Como el resto de las investigaciones nos podía ocupar más tiempo del que no disponíamos, mandamos al detenido con todos los objetos señalados, nuestras diligencias y el acta de la entrada y registro a la brigada de policía judicial, para su continuación, y pocos días más tarde, gracias a la información extraída de la referida agenda, fueron detenidos en Zaragoza otros dos de los autores del atraco, con parte del dinero sustraído, y el último, de un total de cuatro, fue detenido en Rumanía a requerimiento de las autoridades españolas.

Además conseguimos que le diesen a Perico Fernández una recompensa con cargo a los fondos reservados, puesto que gracias a su iniciativa y colaboración pudo resolverse en poco tiempo un asunto de tanta importancia y gravedad.

27. El incendio del "Corona" (1979)

El 12 de julio de 1.979 se produjo el incendio del Hotel Corona de Aragón, situado en el centro de Zaragoza, en el que murieron 78 personas y hubo 113 heridos. Era entonces el único hotel de cinco estrellas de la ciudad, y cuando ocurrió el siniestro se alojaban en el mismo muchos militares de distintas graduaciones y sus familiares, para asistir a la entrega de despachos de la última promoción (la XXXVI) de la Academia General Militar, y entre ellos la viuda del dictador, fallecido cuatro años antes, con su hija, su yerno y dos nietos, porque otro nieto iba a recibir el nombramiento de alférez.

Las causas del incendio, iniciado en la churrería existente en la freiduría de la cocina, situada en el piso principal, poco antes de las ocho de la mañana, nunca fueron totalmente aclaradas, porque los peritajes en que se fundamentaban las resoluciones judiciales nunca pudieron demostrar que se tratase de un atentado, sobre todo teniendo en cuenta que el gobierno de entonces quería evitar a toda costa tal posibilidad, por la previsible agravación del ruido de sables muy notorio hasta que pocos años más tarde se disolvió con la peligrosa intentona golpista de Tejero y otros.

Lo cierto es que el incendio se propagó con inusitada velocidad por los conductos y salidas del aire acondicionado, y a los pocos minutos el humo y las llamas llegaban hasta lo alto del hotel, de diez plantas. Se ha de destacar que muchos taxistas y conductores anónimos, en los primeros momentos del pavoroso incendio y hasta que se organizó el salvamento entre bomberos, personal sanitario y de policía, recogieron a muchos heridos trasladándolos a los hospitales de la ciudad, la mayoría con fuertes intoxicaciones por humo.

Para nosotros en la comisaría supuso un notable incremento sobre el trabajo habitual, ya que tuvimos que remitir los partes facultativos al juzgado de guardia, sobre los fallecidos y lesionados, así como las denuncias de muchos de los alojados en el hotel siniestrado por la pérdida y destrucción de documentos, joyas, relojes, vestuario y enseres de todas clases, para que pudiesen realizar las reclamaciones oportunas, tanto de las compañías aseguradoras, como a través de la vía judicial.

28. Un paraguas y un anillo nos llevan a la autoría de un doble crimen

A comienzos del verano de 1980 se cometió un doble crimen en la residencia de D. Arturo Sainz Muñoz. Tanto él como su esposa doña Mercedes Rodrigálvarez constituían un matrimonio acaudalado y que había alcanzado cierta notoriedad en esta Ciudad por su prestancia y elegancia y su asidua participación en actos benéficos, así como en toda clase de celebraciones religiosas que solían practicar con su frecuente asistencia a la iglesia de Santa Engracia, muy próxima a su domicilio en la calle Costa.

Ocurrió que una mañana, al llegar a la casa una sirvienta, poco después de las nueve, abrió sin llamar, como tenía por costumbre, y se encontró cerca de la entrada con el cuerpo de don Arturo tendido en el suelo, rodeado de gran cantidad de su propia sangre y cubierto únicamente con un pijama de seda de color gris claro. Totalmente horrorizada comenzó a llamar a su señora y, al no obtener respuesta se dirigió hacia la cocina y luego al dormitorio del matrimonio, donde se encontraba doña Mercedes tendida sobre la cama y cubierta con una camisón azul pálido, muerta también alrededor de gran cantidad de sangre que había manado de su cuerpo.

Totalmente anonadada fue rápidamente hasta la comisaría de centro donde nos encontrábamos de servicio mi amigo y compañero Ortega y yo, y visiblemente descompuesta, emocionada y nerviosa, la sirvienta Martina, de 52 años, nos contó lo ocurrido y nosotros dimos los avisos correspondientes a la jefatura de policía, llegando enseguida los compañeros del 091 que, nada más firmar su comparecencia la sirvienta, la llevaron con ellos para que les abriera la puerta. Enseguida llegaron también al lugar los funcionarios del gabinete de identificación y de la brigada de investigación criminal, realizando una minuciosa inspección ocular, y llamando al juzgado de instrucción de guardia para que autorizase el levantamiento de los cadáveres. Nosotros, conforme a lo acordado, remitimos nuestro atestado al mencionado juzgado, manifestándole que se continuaban las diligencias por la brigada de investigación criminal.

. . . .

Aparte de las noticias de la prensa, según las

cuales el autor o autores de los hechos se habían llevado dinero y joyas de las víctimas, nosotros no volvimos a tener más conocimiento del asunto hasta finales del mes de septiembre del mismo año, en que acudió a la comisaría una señorita de muy buena presencia, que nos entregó un paraguas de caballero de excelente factura, para que lo hiciésemos llegar a quien correspondiese, porque lo había dejado olvidado en su casa, unos meses antes, el asesinado don Arturo Sainz Muñoz.

Esta joven nos manifestó sin rodeos que había tenido una relación amorosa con don Arturo durante varios años y que, aunque en principio no le dio importancia, luego consideró su deber devolver el paraguas y ofrecer su colaboración para la averiguación del autor o autores del doble crimen.

La compareciente, llamada Pilar Marco, nos dio su opinión sobre su sospecha de que pudiese tener algo que ver con el sangriento suceso un joven, llamado David Gómez, de conducta muy dudosa, que había conocido en las instalaciones del Club de Golf, del cual sabía que estuvo bastante relacionado con el matrimonio asesinado, porque ella le conoció por mediación de ellos, así como al hijo de aquellos, llamado Juan, que era aficionado a las drogas, y amigo de David. Este David la pretendió durante algún tiempo sin que ella aceptase sus galanteos, porque le parecía un auténtico chulo que, posiblemente, había tenido alguna relación amorosa con la asesinada Mercedes. Sopechó que era posible que el mencionado David hubiese amenazado a

Mercedes con alguna forma de chantaje para sacarle dinero. De todo esto había hablado en alguna ocasión con la sirvienta Martina, que había estado más de veinte años con el matrimonio y ahora trabajaba como empleada de hogar para unos señores en la calle de San Miguel, muy cerca de donde vivía nuestra informadora, y coincidían algunas mañanas desayunando en una cafetería de la zona.

Con estas referencias realizamos una indagación sobre el llamado David Gómez Gracia, averiguando que tenía antecedentes por robo, lesiones en riña y tráfico de estupefacientes, y que vivía en el barrio de las Fuentes. Una vez localizado, le llamamos para que viniese por la Comisaría y tratamos de sonsacarle sobre su amistad con Juan Sainz Rodrigálvarez, con el fin de que supusiese que sospechábamos de este hijo de los asesinados; aunque por la prensa conocíamos perfectamente que, si bien resultó sospechoso en los primeros momentos, luego había sido descartado totalmente de entre los posibles autores del crimen. Además le preguntamos sobre su titularidad de un coche Audi de alta gama, y ante nuestras sospechas y susceptibilidades nos explicó que se ganaba bien la vida haciendo determinada clase de favores a algunas señoras de la alta sociedad, y también a algunas prostitutas, y que no tenía ningún inconveniente en mostrarnos su vivienda y que pudiéramos buscar en ella todo lo que quisiéramos, porque no encontraríamos en la misma drogas ni armas de clase alguna.

Ante su abierto ofrecimiento, le tomamos la palabra y al día siguiente nos presentamos en su vivienda, modesta y bastante descuidada. Viendo sus objetos personales nos llamó a ambos la atención un anillo de oro, de los denominados de sello, sin que hiciésemos ningún comentario sobre el particular hasta que salimos de allí y entramos en un bar de las proximidades. El anillo indicado llevaba en el lugar del sello una letra M mayúscula atravesada en su centro por una letra A, también mayúscula. Es decir que se trataba de una composición que no tenía nada que ver con el nombre y apellidos de David, y que sin grandes esfuerzos de imaginación podía suponerse como la A de Arturo sobre la M de Mercedes.

Al día siguiente nos fuimos al archivo de la jefatura de policía a consultar las copias de los escritos redactados sobre el doble crimen, donde observamos que en la relación de joyas y bienes sustraídos figuraba un anillo de oro con las mencionadas iniciales. Nos pareció que, en principio, se trataba de un indicio importante para relacionar a David con el doble crimen, así que lo pensamos con detenimiento y convinimos que, como a ninguno de los dos nos sobraba el tiempo libre, puesto que ambos teníamos otras ocupaciones y actividades (lo que en lenguaje coloquial llamaban los compañeros un huerto para después de la jubilación), y nos habíamos limitado a tramitar unas breves diligencias para enviar el paraguas al juzgado, no teníamos ningún interés especial en rematar un trabajo, que no era de nuestra competencia, por lo que redactamos un informe detallado minuciosamente de todo lo averiguado a partir de la entrega del paraguas, y lo enviamos a la policía judicial, aconsejándoles que comenzasen por pedir al juzgado una autorización de entrada y registro en el domicilio de David Gómez, atendiendo principalmente a las joyas que guardaba en un cajón del armario ropero de su dormitorio.

. . . .

Por los comentarios de los compañeros y las noticias de la prensa nos enteramos poco más tarde de que, tras la detención del sospechoso y el registro de su vivienda había sido sometido a un habilidoso interrogatorio hasta que, viéndose atrapado por las evidencias que le mostraban, confesó su autoría del doble crimen de la calle Costa —como era conocido el triste suceso en Zaragoza—, manifestando que todo ocurrió sin premeditación alguna, porque intentaba defenderse de la amenaza que le hizo Mercedes de denunciarle a la policía por extorsión, al haberle sacado algún dinero con la amenaza de revelar a su esposo sus infidelidades conyugales.

Así que el tristemente famoso David fue condenado a muchos años de privación de libertad, lo que todos considerábamos era de estricta justicia.

Este asunto me hizo meditar muchas veces recordando las explicaciones del profesor Viqueira Hinojosa sobre la investigación criminal, y concretamente de un trocito de papel que encontró en el water de una vivienda en la que se había cometido un asesinato, en relación con las inspecciones oculares en los lugares donde se habían producido actuaciones delictivas, y sobre todo en la gran importancia que podían llegar a tener huellas o vestigios por insignificantes o minúsculos que pudiesen parecer, como la colilla de un cigarrillo, la envoltura de un caramelo, etc.

Solamente fueron dos objetos, aparentemente sin transcendencia alguna, los que condujeron a la averiguación del autor de tan abominables hechos: el paraguas que la víctima había olvidado en la casa de su querida, y el anillo de sello de oro perteneciente al mismo asesinado, encontrado entre las pertenencias de su desdichado y despreciable verdugo. Fueron estos dos objetos los que nos condujeron a la convicción de que este sospechoso podía haber sido el culpable de los luctuosos sucesos.

Y esta investigación fue posiblemente una de las satisfacciones mayores que a mí me ha colmado realmente de orgullo sobre la importancia de nuestro trabajo para con nuestra sociedad en general.

29. Una gitanica tan guapa como lista

Había una gitanica en Zaragoza de una belleza que llamaba la atención y que tenía amputada una de las piernas bastante por encima de la rodilla, según decían, porque de niña había sido atropellada por un tranvía. Era bastante conocida porque en ocasiones solía pedir limosna en la plaza de España y alrededores.

En cierta ocasión estuvo implicada en un robo con escalamiento de cierta importancia, por lo que fue detenida en la comisaría, negándose terminantemente a dar detalle alguno sobre los autores del hecho que parecían haber sido varios jóvenes de su misma etnia y de edades parecidas a la suya. Estuvo allí privada de libertad durante unas treinta horas, siendo interrogada durante varias veces haciéndole ver que si no aparecían los otros "se podía comer el marrón" ella sola que, al parecer, había intervenido únicamente como cómplice vigilando por si venía alguien durante la comisión del robo.

Por fin, en un determinado momento dijo que solamente conocía de vista a dos de los autores e incluso sabía la casa donde vivían. Así que dos inspectores fueron con ella hasta una casa de la calle de Alonso V que, para el que no lo sepa, es una vía pública situada a continuación de la calle Asalto, que coincide con la parte de muralla reconstruida que rodea el casco antiguo de la ciudad. Una vez en la casa ella les dijo que si no subía sola no abrirían la puerta, por lo que lo mejor es que ella subiese hasta el segundo piso y ellos esperasen abajo, y si estaban los muchachos en el piso bajaría y se lo comunicaría así.

Los dos funcionarios esperaron pacientemente junto a la puerta de la calle y, cuando transcurrió un tiempo excesivo para la gestión ofrecida por la muchacha, subieron al segundo piso, llamaron a la puerta y, al observar que esta estaba cerrada simplemente con un trozo de alambre sencillo del de trabajos manuales, abrieron y no dieron un paso más porque se encontraron con un precipicio con gran cantidad de piedras y escombros abajo. Así que bajaron al piso primero donde el panorama era parecido, con la diferencia de que no era difícil salir por allí al exterior y alcanzar en un minuto la calle más próxima, que supusieron era lo que había hecho la astuta gitanilla con su muleta, dejándolos plantados y, como suele decirse, con un palmo de narices.

30. El oscuro destino de unas chaquetas pestilentes

Entrando en la Comisaría, una vez pasado el llamado servicio de puertas y detenidos, en la parte derecha existía una sala muy grande con diez o doce mesas dedicadas a la expedición y renovación de los documentos nacionales de identidad y los pasaportes Además de las administrativas y auxiliares trabajaban allí entre seis y ocho compañeros nuestros, mayores de cincuenta y cinco años, que atendían al público en turnos de mañana y tarde.

Todos tenían unas chaquetillas livianas, de lana o paño que colgaban en una larga percha situada dentro de la más grande de las dos habitaciones que teníamos nosotros para dormir y asearnos. Al parecer esas chaquetillas no se lavaban jamás y, con el tiempo habían acumulado tal cantidad de suciedad, de caspa y mugre que, en combinación con el hecho de que se trataba de un edificio antiguo que no había recibido una mano de pintura desde hacía mucho tiempo, llegaban a producir un olor especial en la mencionada habitación.

Así que nuestros dos compañeros más escrupulosos, tras comentar el asunto con detenimiento, se pusieron de acuerdo y un sábado por la tarde, en que no funcionaba el servicio del carnet de identidad, decidieron recurrir al mejor medio de limpieza y purificación que consistió en echar todas las mencionadas prendas de vestir a la caldera de la calefacción que todavía funcionaba con carbón.

Por supuesto que los usuarios de dichas ropas, al no encontrarlas el lunes siguiente por la mañana, preguntaron por tan cómodas prendas de trabajo insistentemente, sin que nadie pudiese darles indicación ni pista alguna, porque solo al cabo del tiempo nos enteramos de lo que realmente había ocurrido.

31. Breve muestrario de timos

Además de todos los delitos y faltas relacionados con el automóvil y la circulación, también nos daban trabajo las denuncias por robos con intimidación, generalmente con armas blancas (cuchillos), y también en ocasiones con armas de fuego reales o simuladas. Y los robos con fuerza en las cosas, generalmente mediante ganzúas o palanquetas. También se daban con cierta frecuencia las diligencias por hurtos en aglomeraciones de gente, en el tranvía o en autobuses, y las omnipresentes estafas o timos.

Estaban también los "trileros", que organizaban sus partidillas con una caja de cartón que hacía de mesa, tres medias cáscaras de nuez y el guisante o bolita. Siempre actuaban con un mínimo de tres personas: el que manejaba habilidosamente el juego haciendo salir o desaparecer la pelotilla dentro de una uña preparada para ello. El que vigilaba los alrededores, dando la voz de "agua" que les hacía evaporarse apresuradamente si veía algún policía, y el que hacía de señuelo ganando una importante cantidad de dinero a la vista del público al acertar en cuál de los tres cubiletes se encontraba la bolita. Las víctimas de este timo, o jugadores, nunca pueden ganar puesto que la bolita no se encuentra bajo ninguna de las tres cáscaras o cubiletes.

Se daba la circunstancia de que muchos de los perjudicados por las estafas hablaban de una especie de gas que habían puesto en el ambiente que les había mareado, pero que la mayoría de las veces únicamente había consistido en el egoísmo natural de las personas cuando se nos ofrece la posibilidad de una ganancia rápida e importante. Así ocurre con la "estampita", nombre con el que el que se hace pasar por deficiente mental denomina a un billete como mínimo de mil pesetas, de las de entonces. La víctima se encuentra embargada por una especie de éxtasis, hasta que descubre la cruda realidad de que lo que había creído que era un montón de billetes de banco no eran más que recortes de periódico.

Otro tanto suele ocurrir con el "toco-mocho" o timo del décimo premiado, cuando el que ha recibido el numero de lotería con la lista en que figura premiado, va a cobrarlo y se encuentra con que no tiene premio alguno y la lista que lleva está falseada.

El timo llamado del nazareno se incrementó con la proliferación de las ventas a plazos, sobre todo tratándose de aparatos electrodomésticos, muebles y bebidas alcohólicas de precios elevados, etc. Y consiste en que la empresa o comercio vendedor ha enviado sus mejores existencias a una persona y una dirección, ya sea de local o vivienda, y pocos días después se encuentran con que la persona y las mercancías vendidas han desaparecido porque el comprador mediante pago aplazado se ha encargado de venderlas rápidamente y al contado. Su nombre de nazareno procede de la procesión de acreedores que se forma para ir a cobrar a la vivienda o local de que se trata.

El timo de la mancha consiste en que en una calle bastante frecuentada, un individuo echa un líquido especial sobre un viandante produciéndole una gran mancha en la ropa, en cuyo momento se acerca otro ofreciéndose para limpiarle, aprovechando ese pretexto para sustraerle hábilmente la cartera.

Otros timos, también frecuentes consisten en relatos de pretendidos parientes sobre su padre o su madre a los que se ha llevado el coche la grúa, o han sido ingresados en un hospital y precisan con urgencia una pequeña cantidad de dinero. En todo caso la destreza de los autores unida a su perspicacia para elegir a sus víctimas constituyen elementos importantes para el triunfo de estas estafas, que nunca suelen tener la consideración de delitos, sino la de meras faltas contra la propiedad, por tratarse de cantidades no superiores —hoy— a los cuatrocientos euros.

A todo esto se ha de añadir que muchas de las víctimas no denuncian estos hechos por vergüenza u otros razones.

En aquellos años también se dieron algunos casos de estafas piramidales de importancia, por la cantidad total defraudada, aunque no recuerdo ninguna tan voluminosa como la de la irrupción de Nueva Rumasa en el mercado, adquiriendo numerosas empresas en situación precaria, o la de Fórum filatélico, que se produjeron años mas tarde.

La estafa piramidal es una especie de negocio que no tiene como base una actividad o inversión real que lo sustente, y los intereses o beneficios de los primeros inversores se van abonando con parte del dinero que aportan otros. Esto es, que con el dinero de los últimos que van ingresando sus inversiones se van abonando los elevados intereses ofrecidos a los primeros que hicieron sus aportaciones. Estas empresas ficticias no invierten el dinero en bolsa ni en ninguna clase de empresas reales, como habían prometido sus gestores, sino que se limitan a dar una parte del dinero aportado por los nuevos a los antiguos inversores, quedándose con una parte que cada vez es mayor. En sus comienzos el sistema funciona bien porque al principio contribuyó poca gente y ello hacía que existiese mayor número de inversores recientes que de los iniciales, por lo que, con una parte del dinero de muchos podían ir pagando sus intereses o beneficios a los que habían efectuado sus ingresos con anterioridad; pero según va creciendo el volumen del tinglado, se va acercando a su final, puesto que llega un momento en que resulta muy difícil convencer a gente nueva, lo que produce la consecuencia de que los nuevos ya son menos numerosos que los que les precedieron; es decir que la pirámide ya no se amplía más por su base, sino que se va reduciendo. Ante esta evidencia, las personas que montaron el "lucrativo negocio" desaparecen, así como el dinero que han ido poniendo a buen recaudo, para librarlo de cualquier reclamación posterior, y desde luego sin que gran parte de sus víctimas perciba cantidad alguna.

Ahora bien, esto es la perfecta estafa piramidal; pero existen muchos supuestos en que en realidad los promotores del sistema tienen una importante base de sustentación, ya se trate de empresas adquiridas a bajo precio, de algunos inmuebles y terrenos o incluso de colecciones de sellos de correos. Así ocurrió con los negocios de Nueva Rumasa y Fórum filatélico, citados anteriormente, y con varias empresas financieras de la construcción, como fue el caso de "Eurovent" en Barcelona, y otros ocurridos en muchas de nuestras costas más emergentes.

32. Entre ocios y ocios

Un asunto que recuerdo perfectamente, por sus consecuencias, fue el de un cazador que se acercó una madrugada a la comisaría, perfectamente equipado, a denunciar que había perdido o traspapelado su carnet de identidad. Llegó con otro compañero, también preparado para las mismas actividades cinegéticas invernales y, de vez en cuando intercalaban algún comentario sobre los perros que habían dejado en la calle, dentro del transportín especial para ello remolcado por el coche.

Le sentó tan mal a mi compañero el que aprovechase su madrugón para semejante gestión, que cada vez que tenía que acostarse tarde o tenía que levantarse temprano, se ponía algún objeto en la boca para disfrazar su voz, y llamaba por teléfono a aquel denunciante apremiándole para que se levantase, diciéndole que los perros estaban intranquilos y otras lindezas semejantes. La verdad es que mi malhumorado colega le guardó su rencor durante unos años.

. . . .

Muchos sábados me iba a pasar el día en Azuara, a unos sesenta kilómetros de Zaragoza, con unos amigos y compañeros abogados llamados Ismael y Gregorio Gracia Bardají, y otro llamado Eladio Perez Barrachina, amigo inseparable de Ismael, y soltero como ambos hermanos.

Aunque fui muchos sábados aislados, sobre todo en verano, cuando me apuntaba todos los sábados al "Mercedes" de Ismael era porque mi mujer no podía salir por atender a su madre enferma. Una vez en el pueblo, y después de almorzar algún bocadillo de anchoas o algo semejante, ocupábamos gran parte de la mañana realizando las tareas agrícolas más frecuentes en la huerta, sobre todo regar, porque era un pueblo en el que nunca faltaba el agua abundante. Aunque algunas veces nos dirigíamos a algún pueblo a comprar vino en su cooperativa. Al principio solíamos acudir a Lumpiaque, más adelante a Almonacid de la Cuba, y después a Lécera.

Más tarde si era en verano nos dábamos un buen baño en la piscina de la finca, y seguidamente ayudábamos a Gregorio en la preparación de la comida que, la mayor parte de las ocasiones consistía en lo que llamábamos las patatas del tocino, que consistía en cocer unas patatas enteras, pelarlas y luego machacarlas con un tenedor y freírlas con aceite y ajo en una sartén de grandes dimensiones, colocada encima del fuego sobre unas trébedes o estrudes, dándole vueltas constantemente con una rasera para evitar que el puré se pegase al recipiente. Además solíamos preparar buenas ensaladas, con sus huevos duros y bonito en aceite, y luego invariablemente asábamos ternasco en el asador con chimenea instalado en la caseta, con fuego de sarmientos y cepas de vid, regábamos la comida con vino, gaseosa el que así le apetecía, y agua de la misma finca extraída mediante una bomba, y que era de muy buena calidad. Terminábamos con alguna fruta del tiempo, en verano también helado, cafés y copas. Todo ello solía ser rematado con chistes y jotas a diestro y siniestro.

En los días buenos comíamos al aire libre bajo la enrejada y frondosa parra de la entrada de la caseta, y si llovía o hacía mal tiempo, el yantar tenía lugar dentro de la caseta sentados en dos cadieras enfrentradas. No teníamos estorbo alguno porque tenían otra caseta para las herramientas y aperos de labranza.

Otros amigos que venían en ocasiones de Zaragoza eran Benjamín Lagunas, Eladio Ariño y Gomez Abente, dentista y médico de familia. Del pueblo el asistente fijo era el "Madera", de profesión carpintero, y exalcalde del lugar, y otros frecuentes eran el "Chato", mediero o arrendatario de las fincas, y el "Posto". Ni que decir tiene que de todos ellos y de algunos más guardamos recuerdos para toda nuestra vida.

. . . .

Yo no podía por menos de comparar en mi interior la vida y costumbres de Azuara con las de Sajazarra, lugar situado en la parte extrema de la Rioja Alta, y en el que he pasado las vacaciones toda mi vida, por ser el pueblo donde vivieron mi madre, hasta su matrimonio, abuelos y tíos.

También se trata de un pueblo que vive de la agricultura y de muy escasa ganadería y que, en los últimos años, está recuperando en sus campos la imagen de la que hablaba mi abuelo de su juventud, en el sentido de que casi todo lo que contemplaban sus ojos en todas direcciones eran plantaciones de viñedo.

Por lo demás, aparte de los parientes, ni que decir tiene que tengo muchos buenos amigos en el pueblo y relacionados con él, y que para niños y ancianos, sobre todo, es un lugar ideal cuando hace buen tiempo.

A mí me chocaba mucho que la morisca o azada de mi pueblo se llamase ajada en Azuara, la hoz, fal, y el corquete falcino, por ejemplo; pero se ha de tener en cuenta que los habitantes de un lugar suelen defender sus diferencias como su propia vida. Ello nos ayuda a comprender los nacionalismos, fundamentados principalmente en el idioma, por más que se quieran buscar diferencias históricas y de otra especie. Recuerdo especialmente las miradas que me dirigía Gregorio cuando en lugar de espinay yo decía espinacas, o zanahorias en lugar de azanorias.

Además de su clima ideal, que favorece la maduración de la vid y otros frutales, tiene otras ventajas, como su proximidad a Haro y Miranda de Ebro, y estar junto al límite con Burgos y Álava.

Su castillo restaurado y habitable, con suntuosidad, y la edificación del pueblo en forma circular, rodeado por un río y una muralla, de la que solo queda una parte, hacen del lugar un pueblo singular y cada día más visitado. Precisamente en la primavera de 2017 ha sido considerado por una delegación presidida por el Jefe del Gobierno de la Rioja, el pueblo más bonito de dicha Comunidad.

. . . .

Un robo de bastante importancia se produjo el puente de Viernes Santo en una conocida joyería de la calle Alfonso I. Desde un piso bajo practicaron un gran agujero o butrón en un muro hasta conseguir llegar a la tienda, de la que se llevaron toda clase de objetos de valor, hasta los que guardaban dentro de la caja fuerte, que consiguieron abrir a base de profundos taladros en sus paredes de acero.

El cálculo del valor de lo sustraído fue de unos veinte millones de pesetas, según hicimos constar en la denuncia de la comisaría; sin embargo no les duró mucho tiempo la explotación del suculento botín a sus autores, por una confidencia sobre los elevados gastos que hacían los dos presuntos responsables más jóvenes, de los cuatro culpables, en una conocida sala de fiestas de la ciudad, incumpliendo así lo que habían pactado con los otros dos.

En consecuencia fueron detenidos los dos sospechosos y se practicó un minucioso registro en la vivienda en que habitaban. Posteriormente, consultados todos sus antecedentes, y realizado un hábil interrogatorio de ambos por separado, indagando sobre todo en los delincuentes con los que habían cometido alguna fechoría anteriormente, se consiguió detener a los otros dos y recuperarse gran parte del dinero y joyas sustraídos. Unas alhajas no habían sido fundidas todavía, y otras las habían vendido a un perista que también fue puesto a disposición judicial.

. . . .

Por aquellos días unos miembros de policía local presentaron en la Inspección de Guardia a cuatro jóvenes de entre dieciocho y veinte años por haber sido sorprendidos bailando encima de un coche en la calle Francisco de Vitoria. Se practicó el oportuno atestado para el Juzgado Municipal correspondiente, por daños de chapa en el vehículo, y por la misma policía municipal se procedió a comprobar los domicilios de los denunciados y a la averiguación del propietario del turismo dañado.

Unas dos horas más tarde se presentó en la oficina el padre de uno de los jóvenes denunciados que preguntó al inspector por lo ocurrido, y al relatarle los hechos mi amigo y compañero José Antonio Ederra, su interlocutor, que se presentó como médico de la seguridad social, le comunicó que no dejaba de ser una chiquillada y que sería mejor que se dedicase a detener a los etarras, a lo que, con la misma firmeza, le contestó: "Y usted lo que debería de hacer es aprender a curar el cáncer, que los resfriados ya me los curo yo en mi casa".

Como me lo comentó mi compañero bastante indignado por el tema, así lo transcribo yo, porque se trataba de un tipo de anécdotas que eran bastante frecuentes en aquéllos tiempos en que muchos nos derpertábamos con luctuosas noticias sobre sangrientos atentados cometidos por la ETA.

33. La natural y extática muerte de un aguerrido ochentón

Ni que decir tiene que en todos estos años la relación de denuncias inverosímiles, en mayor o menor grado, resultaba bastante extensa. Como nos encontrábamos a cincuenta metros del edificio de correos y telégrafos de Avenida Independencia, una madrugada, a eso de las cuatro y media, me sacó de la cama un policía armado debido a que había dos ciudadanos con la pretensión de denunciar a la oficina de correos, porque se encontraba cerrada a esas horas y no habían podido poner un telegrama. Yo me negué en redondo a admitir la denuncia, aunque no tenía ni idea del horario de la referida oficina; pero comprendía que ahora el servicio debía de funcionar así, y les informé de la manera en que se podían poner telegramas por teléfono, es decir el llamado servicio de "teleben".

Aunque casi toda mi vida profesional transcurrió

en la Inspección de Guardia, en algunas ocasiones me tocó también el servicio de noche o el de informes. Este cometido que denominábamos de informes consistía en contestar por escrito a los requerimientos de las distintas autoridades judiciales, y en muy escasas ocasiones de departamentos administrativos o de carácter gubernativo, sobre detenciones de personas que debían ser puestas a disposición del juzgado o tribunal reclamante, averiguaciones de domicilio y paradero, o sobre datos importantes para cualquier clase de instrucción sumarial por toda clase de delitos.

Este servicio normalmente lo desarrollábamos de manera individual; pero en ocasiones, si teníamos buena relación con algún compañero que llevase a cabo la misma especie de funciones, lo realizábamos juntos y, en los asuntos que no podíamos resolver mediante el teléfono o el archivo de la jefatura, nos acompañábamos mutuamente a los lugares donde teníamos que hacer las investigaciones oportunas.

En el caso que voy a relatar, trabajábamos juntos mi compañero Santiago López Alpuente y yo, y teníamos que averiguar las circunstancias en que se había producido el fallecimiento de un anciano de ochenta y cinco años que había aparecido muerto en el patio o portal de una finca sita en la plaza de San Lamberto. Así que, ni cortos ni perezosos, nos fuimos allí, donde existían dos plantas distintas en las que se alquilaban habitaciones por horas para facilitar los encuentros íntimos entre las meretrices que pululan por la plaza y calles adyacentes, dentro o fuera de los bares, y sus clientes.

Comenzamos desde arriba y en el segundo piso nos informaron de que en aquella fecha no habían tenido novedad alguna por lo que convendría que preguntásemos en la casa de Angelines, situada en la primera planta. Así que fuimos a dicho lugar donde hablamos con tan oronda dama que, aunque con mucha amabilidad, no soltaba prenda. Luego de mucha paciencia y grandes dosis de persuasión y de quitar importancia al caso, conseguimos que nos dijese la verdad que, en principio, tampoco nos convencía mucho. Nos acompañó a una habitación donde se encontraba una anciana de ochenta años, vestida de colores oscuros, en la que no observamos signo o apariencia alguna que pudiese atraer a un hombre; pero no nos dábamos cuenta de que nosotros andábamos por los cincuenta años, y de que, según nos explicó prolija y detalladamente la señora Angelines, se trataba de un tipo de mujeres que no tenían prisa alguna y por ello eran muy pacientes con la gente mayor que las visitaba, muchas veces más por contarles su vida y hablar un rato de sus problemas, que por propósitos libidinosos.

De esa forma los hombres recibían una buena y tranquila atención y ellas a su vez no tenían necesidad de despacharles con apresuramientos. Lo importante era ganarse la contraprestación económica a cambio de sus servicios y procurar que sus enamorados volviesen a buscarlas de vez en cuando. Lo cierto es que el anciano que nos ocupaba, se esmeró tanto en quedar como un hombre que, tras una buena concentración y poniendo su ardoroso afán en el asunto llegó al éxtasis o "climax" con los últimos destellos de su vida, sin que su corazón pudiese superar la prueba, quedando yerto encima de su pareja. Asustada por el resultado y abrumada por el peso, pidió auxilio para poder quitárselo de encima, y con la ayuda de Angelines y de otra chica más joven consiguieron vestirlo en condiciones y bajarlo al portal, donde lo dejaron echado junto a la puerta de la casa, llamando enseguida a una ambulancia y comunicando al personal de la misma que se lo habían encontrado allí.

Así que nosotros, convencidos por los exhaustivas razonamientos, nos limitamos a redactar el informe solicitado en el sentido de que no habían podido averiguarse las circunstancias de la muerte que, al parecer, se había producido por causas naturales y los fríos y vientos de aquella tarde. Y ello porque nos parecía grotesco y chabacano contar la realidad que, por otra parte, no iba a representar beneficio alguno para nadie.

Las únicas reflexiones que nos hicimos eran las de siempre, las manidas de "no somos nadie" y de que fue una suerte de muerte como otra cualquiera. Y además la famosa "senecá" atribuida por los cordobeses al gran matador de toros Rafael "el Guerra", cuando ya retirado de sus aguerridas faenas le presentaron a don José Ortega como filósofo y gran pensador. Lo de pensador debió de penetrarle profundamente. Él había conocido el apellido Ortega en los ambientes de la lidia y del cante; pero ¿pensador? Así que sentenció:

—¡Hozú, hay gente pa tó!

34. El secuestro de un niño y una muerte en el calabozo

Como suceso interesante que se salía de lo común tuvimos una denuncia por secuestro de un niño de siete años. El abuelo materno llegó a la comisaría y nos relató que había recibido una llamada telefónica sobre las once de la mañana por parte de un individuo que le dijo que tenía secuestrado a su nieto y que no le verían con vida si no llevaban una bolsa de plástico con tres millones de pesetas y la depositaban junto a la puerta de entrada de un garaje que se encontraba cerrado y sin utilización, en el número catorce de la calle de la Luz, a las dos de la tarde de ese mismo día. En cuyo caso les sería entregado el niño en el mismo lugar, diez minutos más tarde.

Como vivía en la misma casa pasó por el piso de su hija en el que no encontró a nadie, por lo que bajó a los jardines de la Plaza de los Sitios, donde encontró llorando a la empleada de hogar de su hija, que le comunicó que el niño se le había extraviado cuando hablaba con una vecina y que no lo encontraba por ningún lado.

Se daba la circunstancia de que era sábado, por lo que el niño no tenía que ir al colegio, y que los padres de su nieto se encontraban en viaje de negocios por Italia y no volverían hasta el día siguiente. El compareciente había hablado por teléfono con su hija que le dijo que fuese inmediatamente a denunciar el hecho a la comisaría.

Como estaban los bancos cerrados preguntamos al abuelo si podría reunir el dinero suficiente para llevar la bolsa a la hora señalada, a lo que nos contestó que, si no todo, si que podría juntar una cantidad aproximada entre lo de su caja de caudales y la de sus hijos. Así que, veinte minutos antes de la hora convenida, uno de mis compañeros conduciendo un taxi que nos facilitaron para ello, recogió al abuelo en su casa de la calle Sanclemente, con una bolsa de plástico en la que llevaba gran cantidad de dinero, y fueron hasta el lugar antes indicado dejando la bolsa en la puerta del garaje. Enseguida llegó un coche utilitario de pequeño tamaño del que bajó su conductor, tomó la bolsa y siguió con el vehículo en la misma dirección; pero al efectuar el primer giro se encontró con el mismo vehículo auto-taxi que le cerraba el paso, y mientras pensaba en la decisión a tomar, llegamos cuatro funcionarios en un coche camuflado, y salimos del mismo esgrimiendo nuestras pistolas.

El presunto secuestrador no ofreció ninguna

clase de resistencia, como tampoco otro individuo que iba en la parte trasera obligando al niño a que permaneciese echado sobre el asiento de ese lado. Ambos delincuentes iban armados con pistolas, que no llegaron a empuñar por la sorpresa, siendo desarmados y esposados en un momento, y veinte minutos más tarde nos encontrábamos todos en la comisaría. Primero procuramos que abuelo y nieto volviesen enseguida a su casa y, ante las revelaciones del niño, que resultó mucho más agudo y observador de lo que podía suponerse, el mismo inspector de policía que les acompañó a su casa, se trajo detenida a la sirvienta a la comisaría.

Los dos malhechores eran sudamericanos, uno chileno y el otro mejicano, y tenían antecedentes por diversos delitos, el primero por hurto y estafa, y el segundo por robo con intimidación mediante una pistola. En cuanto a la criada infiel, era originaria de un pueblo de la comarca de Belchite, y había conocido al chileno unos treinta días antes, y es al que le fue facilitando datos de las personas para las que prestaba sus servicios. Sin darse cuenta de que el niño al que cuidaba había observado como hablaba en un par de ocasiones con el mencionado chileno en la plaza de los Sitios.

Una vez practicamos todas las diligencias que faltaban, las remitimos al Juzgado de Guardia junto con la bolsa y el dinero, que eran exactamente dos millones setecientas treinta mil pesetas, así como las dos pistolas, y los tres detenidos.

. . . .

Poco después se produjo uno de los incidentes más graves en que me he visto implicado. Aconteció durante los últimos tiempos de mi estancia en esta Comisaría de Centro de la calle Ponzano, en la que transcurrió prácticamente la mitad de mi vida profesional al servicio del ministerio del interior.

Una mañana de sábado o de domingo me hice cargo de mi servicio a las nueve, relevando al frente de la Inspección de Guardia a mi amigo y compañero señor Ederra, que había estado toda la noche y el día anterior. Me dijo que no había nada especial, solamente varios sobres con atestados para el Juzgado de Guardia, uno de ellos con un detenido, porque le habían encontrado varias papelinas de cocaína durante el registro en un bar del casco viejo.

Poco más de media hora más tarde llegaron con un vehículo oficial los que suelen hacerse cargo de los sobres y, en su caso, de los detenidos que se han de llevar a los juzgados, y un momento después entró el cabo de servicio diciendo que el detenido se encontraba muerto en el calabozo, por lo que le acompañé a la referida dependencia comprobando personalmente que se trataba de un joven bajo una manta que se encontraba totalmente frío y con claros síntomas de rigidez cadavérica, como si el fallecimiento hubiese ocurrido unas horas antes. Inmediatamente llamamos al médico de guardia de la casa de socorro próxima (la que está situada en el Paseo de la Mina), al Juzgado de guardia y a la jefatura de policía, comunicando lo sucedido. Y también al domicilio del joven fallecido, que era soltero y vivía con sus padres. Además llamé al compañero que había relevado, porque sabía que la superioridad enseguida preguntaría por él. Por fortuna para nosotros, el detenido había sido trasladado la noche anterior a la casa de socorro por el 091, que había extendido su parte facultativo en el que se hacía constar que padecía una fuerte embriaguez.

Ni que decir tiene que para mí lo más violento fue recibir y hablar con la madre del fallecido, que llegó totalmente destrozada. Hoy en día existe un servicio de psicología al que se suele pedir ayuda para la relación con los familiares de las víctimas; pero todavía no se había implantado dicho servicio acostumbrado a esta clase de relaciones. Muy distinto fue el comportamiento tranquilo del padre, que llegó poco después y que, al parecer, estaba más informado de las andanzas de su hijo y de su adicción a las bebidas alcohólicas y a las drogas. En el dolor del progenitor, en lugar de la sorpresa y de la ira de la madre, se advertían más la resignación y una especie de descanso de angustias y zozobras anteriores.

Una hora después presentó el médico su informe en el que decía que el óbito se había producido por causa de la fuerte embriaguez del detenido, que se durmió profundamente en la posición decúbito supino, es decir tendido sobre la espalda, y se había asfixiado con sus propios vómitos. Esto significa que el sueño de los que han ingerido gran cantidad de bebidas alcohólicas, que suele ser de tipo comatoso, debe ser vigilado, a fin de que se mantengan siempre echados sobre su costado derecho.

Al conocer el informe médico el Juzgado ordenó el levantamiento del cadáver y que fuese conducido al instituto anatómico-forense por la Hermandad de la Sangre de Cristo, a fin de que le fuese practicada la autopsia.

Pocos días más tarde tuvimos conocimiento de que se habían archivado las actuaciones judiciales sin declaración de responsabilidad para nadie. El asunto no tuvo transcendencia alguna en nuestra ciudad, aunque nos enteramos de que una publicación del País Vasco difundió la noticia de que en una comisaría de policía de Zaragoza había muerto un detenido por las torturas a que fue sometido.

35. Acción Social. Último destino

Poco tiempo después solicité nuevo destino en el Grupo de Extranjeros, porque tantas noches fuera de casa se me hacían bastante incómodas. Hacíamos nuestro trabajo, bastante burocrático, por la mañana y teníamos casi todas las tardes libres, lo que me venía estupendamente. Y no llevaba ni un año en este trabajo, cuando quedó vacante el puesto de jefe de Acción Social, lo solicité y me fue concedido, permaneciendo en el mismo hasta mi jubilación anticipada, que en mi cuerpo se denominaba, desde los cincuenta y seis hasta los sesenta y cinco años, "situación de segunda actividad sin destino".

(Es claro que se trató de una especie de purga que el gobierno socialista aplicó al cuerpo nacional de policía, a la guardia civil y a los militares, para renovar más rápidamente estos cuerpos de funcionarios procedentes del régimen franquista. En cambio hubo funcionarios como jueces, fiscales y de los cuerpos dependientes de la Hacienda pública, en que no se hizo así, por lo que continuaron en activo una gran cantidad de funcionarios de élite que, en su mayoría, eran excesivamente conservadores y claramente antidemocráticos).

Durante los cinco años que estuve en Acción Social, con un compañero de la escala básica licenciado en derecho, llamado Emiliano, me dediqué sobre todo a la defensa de funcionarios de nuestro sindicato a los que les habían iniciado algún expediente disciplinario; pero también a asesorarles y defenderles en asuntos familiares y particulares en los que precisaban de ayuda jurídica. Muchos de ellos eran de escasa importancia por lo que son difíciles de recordar, siendo además imposible tratar de indagar sobre ellos cuando, como es mi caso, muchos quedaron en las carpetas archivadoras del sindicato que años después fueron destruidas, y otros que tenía en mi propio despacho los fui destruyendo para que no "nos coman los papeles".

Recuerdo el asunto que me encargó un subinspector de policía nacional que procedía de un pueblo pequeño de Soria llamado Villarijo. Este lugar permaneció abandonado desde los años sesenta. Los que procedían de allí vivían en Zaragoza, Madrid, Barcelona, Soria y Valladolid y estuvieron muchos años sin volver por el pueblo; pero a partir de los años setenta comenzó a extenderse la utilización de los automóviles entre las clases medias y hubo algunos que en verano se acercaron hasta lo que había sido su pueblo y se llevaron una sorpresa muy desagradable al observar que las casas donde habían habitado ellos y sus ascendientes estaban casi desaparecidas, puesto que no había tejado alguno y la mayoría de los muros o tapias estaban totalmente hundidos con sus piedras desperdigadas por allá.

Algunos llevaron su observación con más detalles y detenimiento, advirtiendo que había restos de proyectiles o vainas de uso militar y algunas otras señales que indicaban claramente que la mayoría de grandes destrozos en las viviendas habían sido causados por armamento propio de las fuerzas armadas. Luego preguntaron en los pueblos más próximos enterándose de que una primavera habían estado por allí muchos militares utilizando toda clase de proyectiles y munición, con fuertes detonaciones como si se tratase de ejercicios prácticos de los que suelen realizarse en los polígonos militares.

Como los daños producidos habían sido de gran importancia y algunos de los que procedían del pueblo estaban pensando seriamente en la posibilidad de reconstruirse sus propias casas para poder ir a pasar los veranos, resultaba evidente que ahora tendrían que gastar bastante más que lo que en principio habían pensado, por lo que convenía iniciar una reclamación patrimonial por los perjuicios sufridos por el funcionamiento normal o anormal de las administraciones públicas. Así que iniciamos la oportuna demanda y continuamos el procedimiento con aportación de pruebas y de informes periciales sobre los daños causados y, sin tener que acudir a la vía judicial, nos dieron la razón en vía administrativa, y el mencionado subinspector y otros del mismo pueblo fueron indemnizados por el Ministerio de Defensa y, años después, fueron arreglando sus casas para poder ir en vacaciones a disfrutar de la climatología soriana.

He de reconocer que, en aquéllas fechas, coincidentes con el gobierno del señor Suarez, hubo muchos asuntos que en algunas de las administraciones públicas se resolvían de forma ejemplar, aplicándose las normas administrativas y constitucionales con celeridad y eficacia, e informándose a los interesados de cuanto les podía interesar, como el estado del procedimiento, si se habían archivado las actuaciones y, en su caso, de la documentación que hubiesen de aportar; pero años después las cañas se trocaron en lanzas y, como regla general, jamás daban la razón al que reclamase y, solo por evitar la nulidad, se informaba de que los interesados podían acudir a la vía judicial.

36. Y el mundo cambió: los ordenadores y el fin de las *inspecciones de guardia*

Una de las modernizaciones que antes se implantó fue la de convertir las *Inspecciones de Guardia* de las comisarías en *Oficinas de Denuncias*, en las que desaparecieron las tarimas elevadas o estrados —que quedaron exclusivamente para juzgados y tribunales, y para las funciones docentes—, así como las máquinas de escribir y sus accesorios, que fueron sustituidas por ordenadores programados para los tipos de denuncias más frecuentes, y los demás escritos tales como declaraciones, actas y minutas de comunicaciones de régimen interno. Además los funcionarios que atendían estas Oficinas eran de la escala básica de policía nacional y no inspectores de lo que se denomina ahora escala ejecutiva. Es decir que, en definitiva, desapareció el tipo de trabajo y función que da nombre a este relato, siendo sustituido por una oficina más moderna, aunque entendemos que bastante más fría e impersonal, como lo es todo lo relacionado con la cibernética, sin que deje de reconocer su utilidad y eficacia.

Para mí resulta evidente y he de confesarlo así, que en mis últimos años de ejercicio profesional como abogado, sin la ayuda insustituible del ordenador no hubiese podido llevar a término ni la mitad de mi trabajo, habida cuenta de que estaba constituido en su mayoría por procedimientos escritos. Como también comprendo que tengo que agradecer enormemente a mi hijo que me enseñó rápidamente a manejar el ordenador y la impresora para la realización de mis escritos profesionales.

37. Un tal *Cuello Calón*.- Venga Panadés, que me pongo en la rueda

En los años previos a que se operase la antes señalada transformación de las Inspecciones de Guardia en Oficinas de Denuncias, ocurrió una anécdota que nos pareció muy divertida a un numeroso grupo de compañeros:

Cuando se encontraba prestando sus servicios como inspector de guardia en la comisaría de Arrabal el inspector Panadés, una tarde del mes de noviembre, se fue con su coche hasta la calle Cervantes, situada en el centro de la ciudad, donde procedió a detener y esposar al apodado "Tareas", —andaluz muy atildado que siempre se tocaba con el llamado sombrero ancho o cordobés, y que era dueño del bar del mismo nombre que su apodo—, trasladándolo a la comisaría porque, al parecer, había cometido varios delitos de proxenetismo (trata de blancas).

Una vez allí llamó por teléfono a tres mujeres jóvenes, una española y dos sudamericanas, comenzando la tramitación de diligencias, para el juzgado de guardia, por los delitos indicados.

Entre unas y otras cosas, cuando se encontraba a mitad de su trabajo, se hicieron las diez de la noche y llegó el compañero señor Villamediana a relevarle, ya que tenía que estar de servicio toda la noche. El señor Panadés le dijo que no se preocupase, que estaba tramitando unas diligencias un poco complicadas y las terminaría él mismo; aunque para lo que si le necesitaba era para realizar una rueda de detenidos, diligencia que consiste en colocar al presunto autor de algún delito junto a otras personas de un aspecto similar, a fin de que el sospechoso sea reconocido por una o varias personas, bien de frente y a la vista unos de otros, o bien, como suele ser más habitual, desde un espacio separado por una pared y un espejo especial de los que permiten que se vea únicamente desde uno de los lados, para que el que ha de reconocer al sospechoso no pueda ser visto por el mismo.

Ante la mencionada invitación a que se colocase junto a otros para formar la rueda, el llamado Villamediana llamó por teléfono a otro compañero al que reconocía como sabedor de toda clase de normas y procedimientos, preguntándole si su compañero podía obligarle a formar parte de la rueda de reconocimiento, a lo que el otro, —apodado "Cuello Calón" por sus extensos y profundos conocimientos, a la altura del penalista así llamado—, contestó a su pregunta en el sentido de que se trataba de una decisión totalmente voluntaria sin que nadie pudiese obligarle a colocarse en lugar que consideraba tan incómodo como peligroso. Así que inmediatamente trasladó a su compañero la negativa a integrarse en la rueda de detenidos. El otro le contestó rápidamente que estaba perdiendo mucho tiempo y que le iba a traspasar las diligencias para que las terminase él, porque tenía que ir a su casa a cenar y dormir. Ante la nueva perspectiva el atribulado Villamediana volvió a llamar al motejado "Cuello Calón", preguntándole si el otro podía traspasarle las diligencias para que las continuase, a lo que su respuesta fue que era lo natural, ya que el otro tenía que ser relevado de su trabajo. Así que inmediatamente dijo Villamediana a su compañero: "Venga Panadés que me pongo en la rueda". Frase que ha quedado marcada para muchos años entre varios de los funcionarios de diversas promociones que conocían el escaso amor al trabajo y los problemas del uno, que "no quería saber nada de los líos en que se metía" su compañero, y el otro que era una enciclopedia viviente de anécdotas de este y otros tipos semejantes.

38. Los nuevos tiempos: el sindicalismo policial

En el año 1980 se produjo un cambio fundamental en mis circunstancias como funcionario. El Jefe del Estado perpetuo y único que yo había conocido, había desaparecido más de cuatro años antes. En 1978 nuestro cuerpo había cambiado de nombre pasando de llamarse *Cuerpo General*, a *Cuerpo Superior* de Policía, y el mismo año había nacido la Asociación de Policías que todavía no tengo muy claro si surgió desde las bases, o más probablemente desde la propia Dirección General de Seguridad. Lo cierto es que enseguida fue dirigida por los mandos políticos, o realmente fueron estos últimos los que la crearon. En todo caso ni la Asociación defendió siempre y por igual a todos sus afiliados, ni sus dirigentes tenían nada de demócratas ni sindicalistas, y sí mucho de reaccionarios y próximos a los mandos oficiales.

Los realmente concienciados de la necesidad de

un sindicato representativo para defender nuestros derechos éramos una minoría, y aun dentro de nosotros existía un temor auténtico a significarnos por saber que seríamos perseguidos por nuestros jefes y despreciados por nuestros propios compañeros. Pese a todo ello, lo cierto es que nuestro sindicato, denominado Unión Sindical de Policías (USP), fue promovido en Madrid por los funcionarios más concienciados y relacionados con el partido socialista, algunos incluso afiliados al mismo, y apoyado por algo menos de doscientos funcionarios y, tras varias vicisitudes, fue legalizado en Madrid el 22 de noviembre de 1979. Tenemos a orgullo que se trató del primer sindicato de policías de la historia de España que fue reconocido y autorizado.

El primer congreso se celebró en Madrid en febrero de 1980, con gran repercusión en nuestra sociedad, y con un programa de reivindicaciones encabezado por la unión de todas las fuerzas de policía, incluyendo a la guardia civil, así como las cuestiones relativas al estatuto, derechos y obligaciones de los miembros de policía equiparables a los demás países europeos.

....

Yo asistí al segundo congreso, celebrado en Madrid en Marzo de 1981, con el compañero que lideraba al sindicato en Zaragoza, y que tuvo lugar poco después del intento de golpe de estado en el Congreso. Acudieron como invitados los secretarios generales de Comisiones obreras y UGT, Marcelino Camacho y Nicolás Redondo, Gregorio Peces-Barba y Santiago Carrillo (padres de la reciente Constitución), Juan Alberto Belloch, magistrado en Bilbao y portavoz de la asociación Jueces para la Democracia, y algún otro importante cargo público que ahora no recuerdo, así como Manuel Fernández Roldán y algún otro de los representantes de los policías de la República, que habían sido rehabilitados recientemente, luego de haber pasado muchos años en el exilio o haber estado en España muy represaliados, por el mero hecho de que en la guerra civil habían prestado sus servicios en las zonas que pertenecieron a la República hasta los últimos días de la guerra.

El año 1982 se produjo el primer triunfo electoral del PSOE, que comenzó a gobernar al comienzo de 1983, y si bien es cierto que al principio apuntó buenas maneras, enseguida nos decepcionó a los de nuestro sindicato con el nombramiento de Barrionuevo como ministro del interior. Este era uno de los concejales del Ayuntamiento madrileño del profesor Tierno Galván, y designó a su segundo Rafael Vera, que había sido su hombre de confianza del funcionariado del mismo Ayuntamiento; mientras que nosotros esperábamos que el titular del ministerio hubiese sido el congresista malagueño Sanjuán, como especialista en estas cuestiones.

Además parece ser que los miembros de la cúpula de nuestro cuerpo amenazaron claramente al nuevo Jefe del Gobierno con "plantarse" y perder su eficacia y productividad, si se introducían cambios políticos significativos en los mandos de la policía.

....

Lo cierto es que los mencionados cambios no comenzaron a producirse hasta después de marzo de 1983, en que celebramos nuestro tercer congreso, y los partidarios de Mariano Baniandrés fueron derrotados electoralmente por los de Modesto García, y los primeros salieron del sindicato creando la llamada Plataforma Unitaria de Policías (PUP) compuesta por treinta y tres compañeros, entre los que, además de Mariano Baniandrés, se encontraban los más vinculados al PSOE como Luis López Esteban, Atilano García, Fernández Chico y otros.

Casi todos fueron ascendidos a la categoría superior, tras de unos rápidos exámenes por el sistema de concurso-oposición, y les situaron en puestos de importancia y prestigio. Por otro lado el significativo descenso de afiliados se cubrió parcialmente por funcionarios jubilados procedentes de la policía de la República. De todas formas siempre éramos alrededor de doscientos, sin que llegásemos nunca a alcanzar los trescientos, hasta que se produjo la unificación con el sindicato de Policía Nacional, llamado Sindicato Unificado de Policía (SUP), que tuvo lugar en noviembre de 1984, como consecuencia de nuestro VI y último congreso, y de la legalización del SUP que se produjo por las mismas fechas.

Este último sindicato desde su creación hasta

hoy ha sido el más numeroso, contando con más de veinticinco mil afiliados, y a ello contribuyeron profundamente tanto la ayuda que USP había prestado para la creación del SUP, como la realidad que percibían todos claramente de que nosotros funcionábamos como un auténtico sindicato que defendía a sus afiliados con toda la ayuda, atención y defensa que pudiéramos prestarles, en caso de ser expedientados, y cuando se encontrasen necesitados de ayuda y apoyo por cualquier circunstancia; y además defendíamos también a la policía en general, como colectivo al que incumbía fundamentalmente el servicio público de defensa de los derechos fundamentales y de los demás bienes y derechos de todos los ciudadanos.

Ahora bien, como veníamos dando a entender, muchos de los afiliados a USP en las diferentes regiones "cabíamos en un taxi" —como se burlaban otros compañeros—. Por lo que todos los congresos, publicaciones de propaganda, como el mantenimiento de nuestra revista, adquisición y utilización de ordenadores, fotocopiadoras, fax, etc., situados en la habitación con amueblamiento de oficina que cedían las jefaturas de policía a cada sindicato, no hubieran tenido lugar en forma alguna sin la ayuda económica que vino prestando la social-democracia alemana de Billy Brandt a los nuevos partidos y sindicatos. En nuestro caso, la USP fue financiada siempre por la fundación alemana Fiedrich Eberth.

Como señalaba, mi participación en la USP y

luego en el SUP, ocupando algunas veces cargos a nivel nacional, y siempre a nivel regional, entre los años 1980 y 2004, cambió totalmente mi forma de vida y de trabajo como abogado. A partir del año 1980 mi actividad principal se dedicó a la defensa de funcionarios expedientados y a la reclamación de mejoras corporativas, tanto en vía administrativa como judicial, y dicha actividad pronto se incrementó considerablemente, con el mismo tipo de actividades realizado para la mayor de las asociaciones de guardias civiles entonces existente. Al principio se denominó COPROPER y después Asociación Unificada de Guardias Civiles.

He de reconocer que, pese a que iba haciéndome bastante mayor, se trata de la etapa de mi vida en que he trabajado más feliz, por hacer algo que realmente me entusiasmaba.

39. Algún afiliado extraño. Mandos policiales: de Arias Navarro a Corcuera… o Corcuese

En cuanto a los afiliados a estos sindicatos y asociaciones, en principio había de todo, aunque hemos de reconocer que, algunos de ellos, dejaban bastante que desear con sus comportamientos, y observamos claramente que se habían refugiado en nuestra organización para obtener apoyo y defensa. En todo caso entre esta supuesta progresía había gente realmente pintoresca, sobre todo en su aspecto físico y su modo de vestir, sin perjuicio de su valía personal.

Hemos de tener en cuenta que muchos inspectores de policía, por su trabajo habitual con maleantes, tienen que realizar sus funciones en muchas ocasiones en establecimientos poco recomendables moralmente, dedicados a la consumición de bebidas alcohólicas, el juego, el trapicheo con drogas estupefacientes y la prostitución, manteniendo relaciones con personas situadas al margen de la ley, como suelen ser muchos de los confidentes que, a cambio de pequeños favores, o de pasar por alto alguna de sus fechorías de poca importancia, o incluso de dinero de los fondos reservados, obtienen información sobre delitos más graves. Estos informadores confidenciales en muchas ocasiones son maleantes de poca importancia, rufianes, proxenetas, peristas o encubridores y prostitutas, a los que por diversas razones les interesa tener a algún policía conocido que les pueda sacar de posibles apuros o de detenciones por cuestiones de escasa importancia.

Todas estas relaciones dan lugar a que en algunas ocasiones funcionarios de la "pringue", como suele denominarse entre nosotros a los que prestan sus servicios en la investigación criminal, se aficionen excesivamente a las bebidas espirituosas, al juego, las drogas o la prostitución, por una especie de contagio muy poco deseable.

Y esto, unido a lo que antes indicábamos de que muchos funcionarios se afiliaban al sindicato buscando una especie de paraguas protector, o incluso alguna oportunidad de ascenso y acercamiento a los mandamases, produjo como consecuencia que entre nuestros afiliados surgiese algún auténtico macarra o rufián, algunos drogadictos, e incluso alguno que se dedicaba a atracar oficinas bancarias y que fue detenido por sus propios compañeros, procesado y condenado a pasar unos años "a la sombra".

Es decir que como en la mayoría de los cocidos existían sus garbanzos negros, y no solamente funcionarios convencidos de la necesidad de democratizar y modernizar la policía, convirtiéndola en un medio eficaz para la defensa de los ciudadanos y de sus derechos.

En lo referente a nuestros mandos políticos principales, desde el primer director general de seguridad que conocí, el nefasto señor Arias Navarro, hasta los últimos ministros del interior señores Barrionuevo y Corcuera, el único que puede salvarse fue el señor Martin Villa. Por cierto que el señor Corcuera (o corcuese, como suele decirse) parece ser que fue designado por Felipe González por su larga experiencia sindical en UGT, para frenar la creciente influencia de los sindicatos de policía; pero siempre que convocó alguna reunión con dichos sindicatos su papel se limitó a comparecer y hablar durante unos diez minutos profiriendo toda clase de amenazas contra todos, y desaparecer enseguida dejando a sus subordinados para que le sustituyeran en las finalidades propias de la reunión que suelen ser siempre el intercambiar informaciones sobre toda clase de problemas corporativos, funcionales y de eficacia, y tratar de llegar a acuerdos puntuales en relación con los mismos, mediante negociaciones en las que se ponderan los pros y los contras de cada uno de los temas planteados.

40. El ejercicio de la abogacía en defensa de compañeros

Por mi trabajo como abogado asesor de la asociación denominada COPROPER, y luego llamada asociación unificada de guardias civiles (AUGC) me correspondió la defensa del guardia civil Miguel Garrido, destinado en esta ciudad, que tuvo un serio incidente durante un servicio extraordinaria de maniobras de entrenamiento y preparación especial, en el que tuvieron que pernoctar en unas grandes naves que no estaban preparadas para ello, teniendo que pasar varias horas perfectamente uniformados y equipados, portando cada uno su fusil de asalto ametrallador de marca "Cetme", además de la bolsa cuartelera, la cantimplora, y las cartucheras con munición.

Mi defendido padecía de algunas alteraciones del sueño similares al sonambulismo, y cuando faltaba muy poco para que amaneciera, se levantó del lugar en que se encontraba para ir al servicio y, sin propósito de causar daño alguno, disparó un tiro con su fusil que impactó directamente contra otro guardia civil, que fue asistido inmediatamente trasladándole al hospital militar, donde fue intervenido enseguida para extraerle el proyectil de la cavidad abdominal, sufriendo lesiones de pronóstico grave de las que tardo en curar sesenta días, sin que le quedase ningún tipo de secuelas.

Miguel Garrido fue detenido enseguida, se le ocupó el fusil y, en principio, fue suspendido de empleo por tiempo de treinta días, siguiéndose las oportunas diligencias por el Juzgado de Instrucción de guardia de Zaragoza. Como consecuencia de ello fue tratado de sus alteraciones del sueño por un psiquiatra que le aplicó tratamiento farmacológico para corregir su sonambulismo.

Durante la tramitación del sumario me ocupé de estar presente en las declaraciones de testigos, perjudicado y procesado en el Juzgado, así como de que el médico psiquiatra que estaba tratando a este último nos facilitase un informe detallado en relación con las alteraciones del sueño que padecía y sus efectos sobre su capacidad intelectual y volitiva, y le salió tan claro y favorable para nuestras pretensiones que lo consideré una clase magistral sobre el sonambulismo y sus consecuencias. Lo aportamos a la causa judicial.

Una vez terminadas las actuaciones, el Juzgado de Instrucción lo elevó a la audiencia provincial, y se pasó enseguida al trámite de calificación provisional, en el que el fiscal apreció la existencia de una falta de lesiones por imprudencia grave y solicitó privación de libertad de treinta días, y yo por mi parte solicité la absolución por concurrencia de la circunstancia eximente de la responsabilidad criminal de transtorno mental transitorio, y pedí la realización de varias pruebas habituales y, entre ellas, que se recibiese declaración de nuestro médico especialista en relación con su informe escrito sobre las alteraciones del sueño de Miguel Garrido.

En el acto del juicio oral, fue tan convincente la clase magistral del psiquiatra sobre el episodio de sonambulismo que sufrió el procesado, y tan claro y rotundo en sus contestaciones a las preguntas del fiscal y del magistrado ponente, que el propio ministerio público modificó sus conclusiones provisionales, pidiendo en sus conclusiones definitivas la sanción de cinco días de suspensión por falta leve y, como era natural, por mi parte solicité la absolución de mi patrocinado con toda clase de pronunciamientos favorables. Pocos días después tuvimos sentencia absolutoria cuyo mérito, como era natural, fue compartido con el doctor especialista.

. . . .

Otro asunto parecido me correspondió sobre un guardia civil de la asociación, llamado César Lacruz, natural de Almendralejo (Badajoz) y adscrito al acuartelamiento de Casetas (Zaragoza), que con motivo de una revista de armas, mientras esperaba su turno, se le escapó un disparo de su fusil y el proyectil fue a incrustarse en la espalda de uno de los sargentos que se ocupaban de preparar a los guardias para pasar la inspección del armamento que tenían a su cargo.

Trasladado el herido al hospital militar se le intervino por el cirujano de guardia con grandes precauciones porque la bala se encontraba muy cerca de la columna vertebral.

El guardia civil César Lacruz quedó por el momento suspendido de empleo y sueldo, incoándose el oportuno expediente sancionador en el que fue castigado por la comisión de una falta muy grave con suspensión de seis meses de empleo y sueldo. Como consideramos excesiva la sanción, interpusimos recurso de alzada, que se resolvió confirmando plenamente la pena aplicada. Entonces interpusimos el recurso correspondiente ante el tribunal militar de la quinta región, con sede en Barcelona, y tras los trámites correspondientes, se celebró el juicio oral. No puedo por menos de señalar que el trato de este tribunal, en cuanto a su consideración y facilidades de toda índole, fue de resaltar como mucho más amable y atento que el de los tribunales de la jurisdicción ordinaria.

A riesgo de extenderme en demasía he de comentar que mi defensa tuvo como fundamento principal la doctrina de la acción finalista, que había sido admitida por el tribunal supremo en varias sentencias, en lo referente a las acciones culposas o imprudentes, en las que falta el dolo o intención de delinquir, sobre la ausencia del deber objetivo del cuidado debido, atendidas las circunstancias concurrentes en los hechos y, especialmente en el caso que nos ocupa, el exceso de horas de trabajo que llevaba encima el causante de las lesiones.

Lo cierto es que por el tribunal se acogieron mis argumentos en su totalidad y se dictó sentencia de condena a una sanción de dos días de suspensión por la comisión de falta leve. Como consecuencia de esta sentencia tuvieron que pagarle los sueldos correspondientes a los seis meses de suspensión que se le habían impuesto en vía administrativa.

41. *Los amantes de Teruel.*
Pesadillas recurrentes

Una procuradora de los tribunales bastante conocida y a la que yo recordaba perfectamente como alumna de clases prácticas de derecho penal de la Facultad, tras las declaraciones de unos testigos ante un juzgado de lo civil, me invitó a que fuese poco después a una cafetería próxima porque quería hablarme de un asunto particular. Una vez allí nos sentamos en una mesa a tomar café y comenzó su relato: se trataba de un caso que había tenido bastante repercusión en Zaragoza unos días antes.

Una pareja de estudiantes que vivían juntos en un apartamento de la calle Francisco de Vitoria aparecieron muertos a tiros. En las mesillas del dormitorio se encontraron algunas pequeñas dosis de drogas estupefacientes, por lo que se efectuaron gestiones en la Facultad de Filosofía y Letras entre los amigos y compañeros de ambos jóvenes, y consiguieron contactar con un "camello" que había vendido drogas por allí, aunque desde que se tuvo noticia del asesinato no volvió a aparecer por la Facultad. Fue localizado por la calle Heroísmo donde solía dedicarse a la venta de pequeñas dosis de drogas, aunque cuando era detenido siempre manifestaba que si se dedicaba a ese menudeo era para pagarse su adicción a la marihuana.

En su interrogatorio también dio a entender que no creía que ese crimen hubiese sido por ajuste de cuentas ni nada parecido, porque había extrañado mucho en los ambientes en que se desenvolvían habitualmente los "camellos" y sus clientes habituales. Naturalmente que estos últimos datos los conocía la procuradora que me los relató, porque había hablado sobre el tema en varias ocasiones con una hermana de la asesinada.

A continuación sacó una fotografía de su cartera en la que estaba ella misma con su amiga Mercedes, la asesinada, su compañero Antonio, también asesinado, y un amigo de ellos llamado Jorge, al que la narradora había conocido solamente la tarde en que se hicieron la fotografía, unos diez años antes, y en que estuvieron en un par de bares del "Tubo", y paseando por Independencia. Me contó que habían sido buenas amigas durante todo el bachillerato y que, años antes, su amiga Mercedes había salido primero con Jorge y luego con Antonio, con el que ya siguió hasta que ambos fueron asesinados.

Me contó también que Antonio y Mercedes

estaban todo el día juntos de tal forma que llegaron a llamarles *los amantes de Teruel*. Jorge por su parte comenzó los estudios de filosofía y letras con ambos amigos, hasta que a mitad de curso dejó de ir a las clases y tuvieron noticia de que se había hecho "camello", dedicándose durante un par de años a la venta de drogas en pequeñas dosis. Y después de no saber del mismo durante varios años, cambió totalmente, dedicándose habitualmente a la construcción y a la compra y venta de inmuebles. Se había vuelto muy elegante y atildado, hasta el punto de que era conocido como Jorge "el Alpaca" por los numerosos trajes de este tipo de lana que solía vestir.

Además acostumbraba ir siempre acompañado por una especie de empleado al que llamaban Tomás "el Patillas" porque solía llevar muy largos estos extremos capilares, al estilo de los legionarios. Total que, a estas alturas del relato noté que empezaba a ausentarme mentalmente de semejante "rollo", casi cinematográfico, que me estaba endosando. Así que la perspicaz procuradora siguió: "ya veo que te parece un poco raro el relato que te estoy haciendo; pero ten un poco de paciencia porque enseguida llegamos al final".

—El tema y fondo de la cuestión —continuó— es que tengo mis razones para sospechar que el "Alpaca" y el "Patillas" tienen algo que ver con la muerte de mi amiga y su compañero. Jorge fue el que inició a Mercedes en el vicio de las drogas, y ella me habló además en alguna ocasión de Jorge en el sentido de que le parecía muy falso y mala persona.

Que la había amenazado de muerte por no querer hacer el amor, y nunca le perdonó a Mercedes el que hubiese preferido a Antonio que a él. Incluso llegó a decirme mi amiga que era muy rencoroso y que si algún día le ocurría algo malo sospechase de Jorge porque era malo y capaz de cualquier cosa.

Aunque esta última parte de su narración me pareció más interesante, ¿qué podía hacer yo con eso y con la fotografía que me había dado? Decidí poner por escrito todo lo que me había contado y entregarle el escrito y la fotografía a un amigo del grupo de homicidios que me comentó la ausencia total de indicios y pruebas que teníamos en el asunto; pero que dijese a la procuradora que seguirían las averiguaciones oportunas, Así que llamé a la procuradora unos días más tarde para contarle lo que había hecho y por lo menos que notase que me había tomado interés con el asunto.

. . . .

Pero como el mundo es redondo y está lleno de casualidades, antes de transcurrido un año de lo que acabamos de exponer, en un tiroteo entre malhechores resultó uno herido de bala con un proyectil que coincidía exactamente con los que se encontraron en los cuerpos de los que *llamaban los amantes de Teruel*, y dicho proyectil había salido precisamente de una pistola automática que le fue incautada a Tomás "el Patillas" detenido a propósito de dicha reyerta. Así me lo comunicó mi compañero del grupo de homicidios y de la misma forma, antes de que saliese publicado en la prensa, se lo referí a la repetida procuradora que, a su vez, se lo contó a la hermana de su amiga. Posteriormente ya no he sabido más de estos asuntos, por lo que supongo que Jorge "el Alpaca" no se habrá visto involucrado por ahora en el asesinato mencionado.

. . . .

De todas formas, a raíz de mi intervención mediadora en este caso, le di muchas vueltas en la cabeza e incluso, así como en los años cincuenta acostumbraba a soñar con exámenes, después de unos años sin tener ninguna clase de pesadillas, me dio por soñar con crímenes y juicios, es decir como si mi actividad profesional y, más tarde, mis desvelos por tratar de recordar lo vivido y de idear para la creación de este libro aventuras relacionadas con los sucesos ya conocidos, hubiesen afectado en alguna manera a mi subconsciente llenándolo de imágenes de buenos y malos, de policías y ladrones.

Espero que ello llegue a desaparecer con el tiempo, como ocurrió en el caso de las pruebas de naturaleza docente, porque hay veces que acostumbran ser alegres o tranquilos; pero en otras ocasiones resultan tan agobiantes que experimento una considerable alegría al despertar y darme cuenta de que solamente se trataba de una pesadilla.

Una noche de invierno tuve un sueño que luego recordaba perfectamente, como si hubiese soñado lo mismo más de una vez: Jorge "el Alpaca" me tenía a su merced con un foco de luz que me irritaba los ojos considerablemente, mientras que una especie de esbirro muy gordo, con el semblante bezudo me interrogaba acercando un gran cuchillo a mi garganta hasta que su mismo jefe, que evidentemente era "el Alpaca", le hizo retirarse de mi vista y me ofreció un cigarrillo diciendo:

—Date cuenta de que yo no soy el malo porque me voy a portar bien contigo cuando ya no puedas aguantar al "Gordo". El malo es el "Gordo" y yo no tengo nada contra ti y te voy a dejar en libertad para que ya no vuelvas a hablar mal de mí.

En ese mismo momento me di cuenta de que el despertador estaba sonando y respiré aliviado, pese a que tenía que ir en ayunas a que me hicieran un análisis de sangre. Había sufrido una alucinación tan intensa y prolongada que recordaba perfectamente todo lo que me había producido tanto desasosiego.

42. La defensa de un atracador de farmacias

El caso de mayor gravedad cuya defensa se me encomendó, fue el de un joven que había robado en varias farmacias armado con una navaja de grandes dimensiones, sustrayendo medicamentos sedantes y todo el dinero de la recaudación, y en el último de dichos robos mató a un dependiente que intentó oponerse al expolio negándose a entregarle el dinero de la caja registradora, ante lo que el ladrón le pinchó profundamente con la navaja en el pecho y se llevó todo el dinero que pudo.

Después de su huida se sentó en un banco del parque, próximo a la farmacia, se lió un cigarrillo de marihuana y se encontraba fumando plácidamente cuando pasó una pareja de policías nacionales a los que les resultó sospechoso, por lo que le pidieron la documentación, y al notar que llevaba sangre en la camisa procedieron a su detención y a quitarle el arma blanca con la que había cometido el peor de sus crímenes.

Pocos días después y previa petición de hora me visitaron sus padres encomendándome su defensa. Ni que decir tiene que la situación de su hijo era preocupante, hasta entonces no había tenido más asistencia que la del abogado que le había sido designado del turno de oficio que me facilitó copia de las primeras actuaciones policiales y judiciales con gran alivio por su parte porque no le interesaba continuar con semejante "marrón". El acusado se encontraba en situación de prisión preventiva en la cárcel de Torrero, y unos días después comenzó un tratamiento para curar su adicción a las drogas. No tenía ningún cómplice porque acostumbraba a cometer sus fechorías él solo, esgrimiendo su enorme navaja para intimidar a sus víctimas.

Su vida hasta entonces había sido bastante normal, puesto que era soltero y vivía con sus padres, y si faltaba alguna noche, durmiendo en alguna pensión, le decía a su madre que, algunas veces trabajaba como vigilante nocturno.

Solamente por el robo con homicidio suponíamos que le condenarían a unos veinticinco años de reclusión. Por ello su defensa parecía bastante problemática. Los padres le visitaban en la prisión en algunas ocasiones y el conocimiento de sus fechorías al que llegó su madre poco a poco la dejó totalmente anonadada. Ella no tenía ni idea de la segunda vida que llevaba su hijo; sin embargo el padre ya había tenido alguna noticia de su adicción a las drogas estupefacientes y su relación con otros jóvenes de moralidad muy libertina.

Como los exámenes médicos no permitían dudar de su perfecta forma física y psíquica, en su caso lo único que por el momento se me alcanzaba para sostener su defensa era una posible crisis de ansiedad por sentir muy profundamente el llamado "mono", que motivaba el que tuviese que aplacar su estado de necesidad de tomar la droga a que se había aficionado o algún potente sedante de manera acuciante. Es decir que, aunque lo veía muy difícil, mi único asidero estimaba que consistía en alegar un estado de necesidad que le había producido un trastorno mental transitorio en el momento de cometer el robo con homicidio.

A este fin aconsejé a sus padres que acudieran a un psiquiatra que se había especializado en este tipo de problemas. Este doctor ayudado por un relato pormenorizado de los hechos que le facilité, le hizo un par de visitas a la prisión sometiéndole a unas pruebas convenientes, y nos facilitó un informe detallado que apoyaba mi tesis defensiva, y que aporté al sumario.

Una vez practicadas todas las diligencias precisas y oportunas, se dictó el auto de terminación del sumario elevándose la causa a la Audiencia Provincial, siendo trasladado al fiscal, la acusación particular y la defensa, para el trámite de calificación provisional, y cuando se me envió la causa por corresponderme elaborar el escrito de conclusiones provisionales de la defensa, me fui a la prisión por cuarta vez para hablar con el procesado e informarle del estado en que se encontraba el procedimiento y de la manera en que intentaba defender sus derechos, me encontré con la demoledora noticia de que había fallecido a últimas horas de la tarde del día anterior por haber sido agredido por otro preso que le había clavado un objeto afilado por la espalda.

. . . .

Dos días después conversé con el padre en el cementerio, encontrándome con un hombre totalmente abatido. Para colmo de males se había enterado de que el asesino de su hijo era otro joven de edad parecida que había sido amigo de su hijo y conocido de la vecindad, puesto que lo habían visto en algunas ocasiones tanto a él como a sus padres.

Un par de meses más tarde vino a verme para pagarme los honorarios que me debía y me comentó que no se iban a personar como parte acusadora en la causa por la muerte de su hijo. Lo único que pretendían era dejar pasar el tiempo, ya que consideraban haber envejecido excesiva y prematuramente durante los últimos meses, como consecuencia de tantos disgustos y preocupaciones.

Por mi parte lamenté tanto el fallecimiento del muchacho de manera tan desagradable como la brusca terminación del caso de mayor gravedad que me había sido encomendado; pero por otro lado me encontré con que tenía más tiempo para dedicarlo a la atención de los temas del día a día más habituales, como la defensa de funcionarios afectados por procedimientos administrativos y sanciones disciplinarias, y las demandas administrativas y jurisdiccionales en relación con pretensiones y demandas de policías y guardias civiles. Aunque la mayoría eran afiliados al sindicato y la asociación de los que me ocupaba, no faltaban también algunos que no pertenecían a ninguno de ambos colectivos y solicitaban igualmente mi intervención, o me venían recomendados por mi compañero Ismael Gracia o algún otro abogado.

Todo ello no podía impedir que la mayor parte de las cuestiones en que me ocupaba, con el tiempo fuesen haciéndose rutinarias; pero había que acostumbrarse a que la vida diaria y toda clase de trabajos en general estaba constituida por una repetición de actos que eran, generalmente, iguales a los de los días anteriores y con toda probabilidad semejantes a los de las jornadas siguientes.

43. Ruidos y molestias en la zona de "El Rollo"

Otros asuntos cayeron en mis manos por la confianza que tenía en mi una brillante alumna de clases prácticas de derecho penal llamada Blanca, de la que no había tenido noticia desde el curso 1972-1973. Por sus amistades personales estaba muy relacionada con una aso-ciación de vecinos denominada "La Huerva", y constituida por los propietarios de viviendas de las calles Moncasi, Maestro Marquina, Vasconia, Zuma-lacárregui, y varias más del entorno, que a comienzos de los años dos mil eran conocidos como la zona del "Rollo", y albergaban gran cantidad de tabernas y bares de todas las clases posibles.

En esta zona la vida nocturna, a partir de las nueve de la tarde, se hacía cada día más desagradable para los vecinos por la gran afluencia de gente joven que abusaba de la ingestión de bebidas alcohólicas, y conforme pasaba el tiempo, cada vez se volvía más desagradable y violenta, llenando los portales de las casas de desperdicios de todas clases. Pero de todas formas lo peor eran los ruidos nocturnos excesivos por cánticos, conversaciones en voz alta, y toda clase de músicas de los distintos establecimientos de bebidas, que aprovecharon estos años en que estuvo de moda la zona para lucrarse con los excesos de la juventud, tanto de trabajadores de todas clases, como de estudiantes, e incluso de vecinos de localidades próximas que acudían por la notoriedad que había adquirido esta parte de la capital, e incluso por conocer que había bastante venta de drogas al menudeo.

Estas razones fueron las que impulsaron a la asociación de vecinos mencionada a poner toda clase de denuncias al Ayuntamiento, por los ruidos nocturnos y las demás molestias causadas a los vecinos afectados. Sin embargo en muchas ocasiones lo único que conseguían es que un vehículo de Policía local con su conductor y otro agente patrullasen por esa zona, desde luego sin ninguna clase de consecuencias prácticas que no tuviesen que ver con los automóviles estacionados indebidamente.

En el tema de los ruidos fueron muchas las veces en que, pese a las frecuentes denuncias, no se consiguió otra cosa más que la presencia de miembros de policía municipal con un aparato que medía el volumen de los sonidos y que, cuando eran excesivos con arreglo a las ordenanzas municipales, que establecían la potencia de las músicas autorizadas, requerían por escrito a los propietarios de los establecimientos que excedían el volumen permitido con la advertencia de que si persistían en las molestias serían sancionados con una multa y en caso de graves reincidencias podían producir hasta la clausura del local.

Lo cierto es que estos asuntos de los ruidos y molestias no comenzaron a tomarse en serio ni por los ayuntamientos ni por ninguna clase de juzgados ni tribunales hasta que, unos diez años después, se consiguió en Murcia la primera sentencia importante condenando como actividad delictiva la producción de ruidos nocturnos que atentaran contra el descanso de los vecinos.

En lo que a mí respecta me encargaron su representación y defensa en algunos asuntos de juicios de faltas y de recursos contencioso-administrativos contra decisiones municipales, porque la relación de esta asociación con las autoridades llegó a hacerse muy tirante debido al poco éxito que alcanzaban las frecuentes denuncias ante toda clase de autoridades, tanto locales, como del gobierno de Aragón.

44. Y ahora, ¿qué?

Los problemas derivados de mis frecuentes y desagradables sueños, unidos a la circunstancia de que cada día era más consciente de que mi relato se estaba terminando, y que después de todas las correcciones y añadidos que realizase sobre el texto original, ya no sabría qué hacer, contribuían en gran medida a producirme una especie de zozobra como si me acercase irremediablemente al final de mis días a excesiva velocidad.

Yo me encontraba físicamente bien, en general y sin entrar en detalles, que suele decirse ahora, y quería seguir viendo a mis hijos y a mis nietos por lo menos hasta que cursasen estos estudios superiores. Eran unos sentimientos íntimos que no me atrevía a compartir con nadie para tratar de desahogarme. Mis amigos regularmente frecuentados, aunque no de manera cotidiana, tenían cada uno sus propias familias, diferentes aficiones que entretenían sus ocios, el uno con el pueblo y sus habitantes y el otro con los toros y la familia, otros con la horticultura y sus propias esposas y descendientes. Incluso dos de ellos, parece que al encontrar en mí un compañero poco hablador y paciente oidor, aprovechaban mi pasividad (pasotismo se llama ahora) con el fin de contarme aventuras amorosas recientes, que solamente debían existir en sus imaginaciones calenturientas, en las que yo desde luego no creía porque conocía sus limitaciones y que los dos estaban operados de próstata. Además en ambos casos conocían que a mí me constaba que habían sido objeto de dichas intervenciones quirúrgicas. Y sobre todo ello por su ordinariez, rayana en la chabacanería, y su ausencia de romanticismo y de cualquier clase de sustancia poética, resultaban unas historietas tan ramplonas como mendaces.

En estos casos yo solía callar, aunque alguna vez les recordaba el chiste del que le dice al médico que tiene un amigo de ochenta años que hace el amor tres veces al día, y que le recete algo para poder hacer lo mismo, a lo que el médico le contesta, que no existe ningún medicamento para ello; pero:

—¿Porqué tiene usted tanto interés en este asunto?

A lo que el otro le contesta:

—Pues porque mi amigo dice que lo hace tres veces cada día.

Y el médico le responde:

—Hombre si solo es porque lo dice, dígalo usted también.

Por otro lado las esposas siempre son punto y aparte, si es verdad que conviene contarles todo, en algunos aspectos más vale callar a fin de no pleitear demasiado porque sus contestaciones y razonamientos acostumbran ser siempre negativos y pesimistas, del tipo de *esas cosas solo se te ocurren cuando vas con los amigos, siempre hablando de enfermedades. Más te valdría leer más y pasear menos,* etc.

45. *Registro de Salida*

Ahora me interesa ir recordando algunos aspectos de las inspecciones de guardia que no he resaltado hasta el momento a fin de destacar la relevancia que tuvieron en sus tiempos por ser el único servicio que estaba en funcionamiento todos los días y las noches. Se ha de tomar en consideración que el resto de dependencias de la comisaría, principalmente de carácter más burocrático, únicamente estaban en activo los días laborables, con exclusión de los sábados, y en horario de mañana, esto es de nueve a catorce horas. Por lo que correspondía al inspector de guardia, cualquiera que fuese su categoría, atender y resolver toda clase de cuestiones que se planteasen.

Uno de los cometidos correspondientes era la conservación, custodia y puesta al día de los libros de registro. Existía el *Libro de entrada* de documentos, en el que se indicaban y numeraban cada uno de los escritos de cualquier clase que se iban recibiendo, incluso anónimos, que convenía investigar, y partes medico-facultativos procedentes de casas de socorro y toda clase de hospitales y médicos; el *Registro de salida*, respecto de todos los escritos que se dirigían a las autoridades judiciales y administrativas, anotándose el número y año correspondiente en cada uno de ellos, ya se tratase de atestados, diligencias, actas o informes.

Luego estaba el *Libro de telefonemas* en que se iban registrando todas las conversaciones telefónicas oficiales, tanto las que se recibían como las que se realizaban desde la Inspección de Guardia. Otro era el *Libro registro de visitas* que se realizaban por autoridades y funcionarios del cuerpo de paso en la ciudad. Las visitas de carácter oficial se producían en Navidades y Noche Vieja, principalmente, aunque, en ocasiones los visitantes no querían firmar por considerarlo una prueba de atención particular respecto de funcionarios que, pese a las fechas y horas en que se producían, se encontraban trabajando en el servicio público, y no con sus familias como la mayoría de los ciudadanos.

Había también un *Libro de presentaciones* en el que tenían que firmar periódicamente algunas personas que todavía tenían esta especie de medida cautelar por exigirse normalmente a muchos de los represaliados al acabar la guerra civil y que, tras cumplir sus condenas por el mero hecho de haber estado afiliados a partidos o sindicatos en la República, quedaban con esta limitación de su libertad personal. Algunos, por no saber escribir ni firmar, ponían dos palotes cruzados y, tras manchar el dedo índice de la mano derecha con el tampón que teníamos para poner el sello de la Inspección de Guardia, marcaba su huella en el mismo libro, que prácticamente dejó de utilizarse a partir del año 1968, por algún indulto general sobre responsabilidades políticas, aunque algunos seguían viniendo a presentarse porque no se habían enterado de que ya no tenían que hacerlo.

Todavía teníamos algún registro más, como el copiador de cartas y telegramas recibidos en la comisaría y remitidos por ella, aunque prácticamente dejó de usarse al final de los años mil novecientos sesenta, siendo sustituido por los de registro de entrada y de salida. Todos estos libros de registro se cerraban con una pequeña diligencia escrita en los mismos indicando el número total de asientos, a las doce de la noche del día treinta y uno de diciembre de cada año, y se continuaba con nueva numeración a partir de esa misma hora.

Me imagino que la mayoría de estos libros, al ser sustituidas las Inspecciones de Guardia por Oficinas de Denuncias, pasaron a depender de las secretarias de cada comisaría, limitándose los funcionarios de las Oficinas indicadas a registrar los números de salida de las denuncias y, en su caso, las conversaciones telefónicas oficiales.

De todas formas en las repetidas inspecciones teníamos las primeras noticias de muchos hechos delictivos; pero el resto de diligencias policiales referentes a cada tema, habitualmente ya no los conocíamos en forma alguna, salvo en las comisarías de mayor envergadura en que antes y ahora existen grupos de policía judicial que se encargan del seguimiento de muchos de los hechos denunciados.

Estoy seguro de no ser el único que añora con nostalgia gran parte del tiempo pasado en las inspecciones de guardia, a todas horas y con independencia de si se trataba de días de trabajo normal o festivos, sometidos al inexorable peso del calendario que se hacía realmente poco soportable en fechas navideñas, de Semana Santa, o los meses más veraniegos; pero como luego tantas horas seguidas tenían su compensación en tiempo libre que poder dedicar a otras actividades, a fin de mantener un nivel de ingresos más tolerable, se entiende perfectamente que saliésemos con el ánimo bien dispuesto, aunque no hubiésemos podido dormir en toda la noche.

. . . .

Habida cuenta de que en las inspecciones de guardia se presentaban toda clase de cuestiones, sobre todo a horas intempestivas, conviene hacer referencia, por último, a la asistencia técnica y jurídica que teníamos a nuestro alcance. Pues bien, en las cinco que yo he conocido, correspondientes a las comisarías de Eibar, de Casa Antunez y Universidad de Barcelona, y Centro y Arrabal de Zaragoza, todo lo más podía haber algún pequeño diccionario de nuestra lengua en un cajón, por lo que no teníamos otras herramientas que la máquina de escribir y el teléfono.

A partir de 1977 repartieron algún ejemplar del Código Penal y de la Ley de Enjuiciamiento Criminal. Y no fue hasta la transformación en Oficinas de Denuncias cuando gracias a la atención del sindicato unificado de policías recibieron sus afiliados ejemplares de formularios de toda clase de escritos, así como de las normas penales, procesales y administrativas vigentes, tanto en papel como en disquetes.

Ni que decir tiene que a nuestros superiores era más conveniente no consultarles porque, aparte de que solían saber menos que nosotros, lo único que nos podíamos encontrar es que nos complicasen más la vida. En último extremo siempre nos cabía el recurso de consultar con el juzgado de guardia y cumplir lo que mandase, anotando detalladamente la conversación para curarnos en salud por si venían mal dadas.

. . . .

Otra cuestión que se añadió a las actividades de las inspecciones de guardia, a partir del año 1980 fue el de las hojas de estadística que había que cumplimentar por cada uno de los asuntos que se tramitasen y, todo ello siguiendo las directrices de la superioridad que ocasionaban el que jamás coincidiesen con las realizadas por el ministerio fiscal.

En dichas estadísticas se habían de anotar como

"esclarecidos" delitos tales como el hurto de uso de un automóvil cuando dicho vehículo aparecía sin importar los desperfectos que pudiese presentar ni otra clase de consideraciones tan importantes como saber quién había sido el autor de la sustracción, o conocer para qué se había utilizado.

En cuanto los jefes se dieron cuenta de la importancia de estas estadísticas para su medro personal a base de ir engordando su currículo, no paraban de incordiar. Como tenía más peso el número de los delitos que el de las faltas nos prohibían consideraciones como las de señalar que el valor de lo robado, hurtado, estafado, dañado, etc., no era superior a la cantidad establecida como límite de separación entre unos y otros tipos de infracciones, para que al indicar que se desconocía dicho valor hubiese que poner en la estadística que se trataba de delitos y no de meras faltas.

Además se premiaba especialmente lo que denominábamos como *apuntarse palotes*, que era la presentación en la comisaría de sospechosos, extranjeros, indocumentados y simples menesterosos que se encontraban pidiendo limosna, con la finalidad de engrosar la lista de detenidos, aunque hubiesen de ser puestos en libertad momentos más tarde.

. . . .

No puedo cerrar este último capítulo de mi modesto trabajo, sin dedicar un recuerdo amistoso a todos los compañeros que fui conociendo durante mis andanzas por las diferentes dependencias policiales en las que mal, bien o regular, nuestra conducta ha tratado de ser honesta y considerada con toda clase de personas, aunque siempre puede haber existido algún "pero", por precipitación, falta de atención o alguna clase de estrés o fatiga.

- Esta sombra no es mía (Juan Serrano)
- Merodeando el desnudo femenino (Narciso de Alfonso)
- Entre las ruinas del cielo (Servando Gotor)
- Todo amor es grande (Propercio en la versión de Mariano Berdusán)
- La invención de la Taberna (Antonio Envid)
- El color de mi cristal (Mariano Berdusán Cabellos)
- A beneficio de inventario (Antonio Envid)
- Bárbara Blomberg (Servando Gotor)
- Serafita (Honoré de Balzac, con traducción de Narciso de Alfonso)
- Confusión de confusiones (José de la Vega, edición y notas a cargo de Antonio Envid)
- El guacamayo azul (Narciso de Alfonso y Servando Gotor)
- La tía Tula (Miguel de Unamuno)
- ¿Crisis? Nunca pasa nada (Servando Gotor)
- Niebla (Miguel de Unamuno)
- Aura o las violetas (J. M. Vargas Vila)
- Cajal. Cuentos y enredos (Servando Gotor)
- El amor y las moiras (Servando Gotor)
- El tenue aroma de la acacia (Antonio Envid)
- El Papa del Mar (Vicente Blasco Ibáñez)
- La ciudad sin faro (Servando Gotor)
- Los amantes de Teruel: las dos versiones íntegras y una reseña crítica de Larra (J. E. Hartzenbusch).

TAMBIÉN EN LECTURAS-HISPANICAS.COM

www.lecturas-hispanicas.com

- ✓ Los últimos días de Pompeya (Edward Bulwer Lytton)
- ✓ Hipatia (Charles Kingsley)
- ✓ Shakespeare (Victor Hugo)
- ✓ Vida de Kant (Kuno Fischer)
- ✓ El Greco de Cossío. Edición ilustrada, revisada y actualizada.
- ✓ El enigma del domador de pulgas (Antonio Envid)
- ✓ El mundo secreto de Arturo Soto (José María Collado)
- ✓ Sed (Rafael Moya Valgañón)
- ✓ España negra (Darío de Regoyos y Émile Verhaeren)
- ✓ Diario de Nicaragua (Andrés Fuertes)
- ✓ Idearium español (Ángel Ganivet)
- ✓ Introducción al flamenco y cancionero (Rafael Moya Valgañón)
- ✓ El corazón de las tinieblas (Joseph Conrad).
- ✓ Conocer a… el arte moderno (Servando Gotor). En preparación
- ✓ Conocer a… Mata Hari
- ✓ Conocer a… Brujería y exorcismos en España
- ✓ Conocer a… El Gran Capitán
- ✓ Conocer a… los Borgia
- ✓ El Quijote y su época (José de Armas y Cárdenas)
- ✓ Cuarto y mitad (Carlos de Francia Blázquez)
- ✓ Pasarela (Carlos de Francia Blázquez)
- ✓ Las constituciones españolas. Textos completos
- ✓ Informe sobre la Ley Agraria de Jovellanos y las Cartas de Cabarrús.
- ✓ Las Nacionalidades (F. Pi y Margall)
- ✓ Abogados (Servando Gotor)
- ✓ La Horda, (Vicente Blasco Ibáñez). En preparación
- ✓ Huella de almas (Francisco Acebal)
- ✓ Aires de Mar (Francisco Acebal)
- ✓ Batiéndome en retirada (JAVI)
- ✓ Ossa Árida — El Papa Luna (Servando Gotor)
- ✓ Molière por Moratín (El médico a palos y La escuela de los maridos)
- ✓ Nerón. Su vida y su muerte
- ✓ Diálogos del Orador (Marco Tulio Cicerón, con notas de Servan Gotor)
- ✓ Aequilibrium (Ángel Ferrer)